Christian Wagner · Eigenbrötler

Christian Wagner

Eigenbrötler

Kleine Geschichten aus meiner Jugendzeit

Jürgen Schweier Verlag

Mit Zeichnungen von Dieter Weinmann

und einem Nachklang von Georg Schwarz

ISBN 3-921829-02-X

Das 4. und 5. Tausend dieser Ausgabe wurde im Sommer 1985 zu Christian Wagners 150. Geburtstag gedruckt. Die Originalausgabe erschien zwischen 1915 und 1918 in fünf Auflagen.

Herstellung: Josef M. Greska, München

Inhalt

Zur Einführung

Fürwahr, eine gemütliche, eine köstliche, obschon arme Zeit waren diese fünfziger und sechziger Jahre des hinter uns liegenden Jahrhunderts. Und es wäre schade, wollte man die Erinnerung an jene Tage ganz verblassen lassen, deren letzter Miterleber unter den Einwohnern meines Heimatortes ich, der Achtziger, bin.

Wohl! Gewiß! Eine bitterarme, vielfach hungrige Zeit, aber trotzdem voll Humor. In jeder Gasse ein Possenreißer, in jedem Winkel ein Spaßvogel, auf jeder Staffel ein Witzbold; bei jeder Unterhaltung schallte fröhliches Lachen, und kernige, derb-urwüchsige Witze würzten sie.

Mit so gearteter Lebenskunst wurden diese Not- und Hungerjahre leichter überwunden.

Ich war dazumal ein junger Bursche, so um die Zwanzig herum, dem von all den Mühseligkeiten und Nöten des kleinbäuerlichen Betriebs nichts erspart blieb. Geschwister hatte ich keine, Vater und Mutter waren alte Leute.

Ich selbst habe diese Zeiten auf eigene Weise überwunden, und zwar bei der Feldarbeit auf den elterlichen Äckern. Der heimatliche Boden erzählte mir hierbei seine Geschichte, wunderbarerweise vielfach mit historischer Treue. Es erwuchs mir die Gabe, verwischte Fährten aufzuspüren, und geheimnisvolle Instinkte und Ahnungen nahm ich an mir wahr: Jedes Blümlein erzählte mir ein Geschichtlein, ein Märlein, — noch mehr: eine Mythe, eine Legende. —

So entstanden meine dichterischen Schöpfungen. — Alles unter dem Zwang der bescheidenen Verhältnisse eines kleinbäuerlichen Daseins. Oft litt ich auch schwer unter dem Spott der ländlichen Bevölkerung, die mich, den „Eigenbrötler", nicht verstehen konnte.

Doch heute noch, an der Schwelle der achtziger Jahre, kommt oftmals wehmutsvolle Sehnsucht über mich nach diesen längst verflossenen, trotz aller Armseligkeit so köstlichen Tagen, und mich, den Dichter, drängte und trieb es, diese Zeitperiode in der Geschichte meines Heimatbezirkes der Mit- und Nachwelt zu überliefern.

Mögen die verehrten Leserinnen und Leser des schlichten Büchleins diesem ein freundliches Interesse entgegenbringen und bewahren.

Warmbronn, im Spätsommer 1915

Christian Wagner

Steinhilbers Kinder

Sie wohnten schrägüber von uns, des Steinhilbers, in einem alten Häuslein mit angebauter Scheuer. Der große Steinhilber, wie er überall genannt wurde, war Taglöhner, hatte nebenbei ein paar Fleckenämtlein, war Leichenschauer, hatte die Wiesengräben offen zu halten und übernahm lange Jahre hindurch die Holzhauerakkorde. Er war ein aufgeweckter, spaßiger Mann, den jedes gern hatte. Was verschlug's, wenn er auch allmorgentlich, ehe er an die Arbeit ging, und auch tagsüber seinen Schnaps trank? Er verdiente ihn ja, allerdings seine arme Familie hatte oft kaum den nötigen Kreuzer. Wohl war ein Kühlein im Stall, auch ein Rind, ein paar Hennen, allein das war auch alles. — Sie hatten einen Buben, Jakoble, so alt wie ich, 1835 geboren, 's Annemeile, ein Jahr jünger, und 's Hansjörgle, drei Jahre jünger als ich. Da starb die Mutter, und der Steinhilber, ein rüstiger Witwer, nahm wieder ein Weib; sie war aus Maichingen, eineinhalb Stunden von hier. Kann sie heute noch vor mir sehen, das rotbäckige Weiblein mit den schwarzen Zöpfen! — Aber, war es schon vorher bei der rechten Mutter hungrig zugegangen, so war es jetzt bei der Stiefmutter noch viel hungriger, obschon nicht zu leugnen ist, daß die Kinder wahre Freßbäuche waren, wohl darum, weil sie nichts Rechtes bekamen, und kaum gesättigt werden konnten. Da war nun das tägliche Feilschen ums Vesperbrot, das der Stiefmutter geradezu von der Seele ging, und das sie so gerne am Laib gelassen hätte, und das zu ersparen sie alle denkbaren Ausflüchte hervorsuchte. Obschon sie sonst um der Kinder Gesundheit ganz unbekümmert war, so offenbarte sie auf einmal rührende Sorgfalt. Alle Mist- und Unratstätten der Kinder suchte sie ab und erzählte dann der ganzen Nachbarschaft, auch dem Mann, wenn er abends und morgens zu Hause war, daß die Kinder voll von Würmern stäken, und daß das Brot bloß dazu diene, diese noch mehr zu füttern, sie geradewegs zu mästen. Und das brauche man nicht, wo das Brot so teuer sei, und es sei gescheiter, Wurmsamen bringen zu lassen. Und der Amtsbote, der alte Weißenbühler, brachte eine großmächtige Tüte voll aus der Josenhansschen Apotheke in Leonberg. Auf diese Weise gelang es ihr, den Kindern das Vesperbrot abzugewöhnen, denn so oft sie rückfällig wurden und nur von weitem an die Tischlade hinschielten, war sie sofort mit einem Löffel voll Wurmsamen zur Hand.

So suchten die Kinder überall etwas zu erwischen, um den Hunger zu stillen. Kaum waren die Wiesen ein wenig grün, so suchten sie vor der Schule nach Sauerampfer und Guckelgauch (Wiesenbocksbart). Die Äpfel aßen sie, wenn noch der Butzen von der Blüte daran steckte. Die schlimmste Zeit jedoch war überstanden, wenn es wenigstens Zwetschgennarren gab, bald darauf auch Erdbeeren, Heidelbeeren, Himbeeren und Frühbirnen. Sie kannten jeden Baum auf dem ganzen Zehnten, und besonders den Frühbirnen galten ihre heimlichen Besuche. Da war Hülle und Fülle. Aber wie war es vorher? Wir saßen einmal in der Schule und lasen wie gewöhnlich im Buch Hiob, als Maikäfer um unsere Köpfe flogen und an die Fensterscheiben schwirrten. Als der Schulmeister äußerte: „Wo die wohl herkommen?", sagte mein Nebensitzer, des Schulzen Christian: „Der Steinhilber hat alle Taschen voll." — So war es auch, und als der Herr Henzler fragte: „Was tust du mit den Maikäfern?", antwortete er, als wäre dies selbstverständlich: „Essen!"

Steinhilbers Kinder waren stets darüber unterrichtet, was in jedem Hause gekocht worden war, denn es fiel da und dort was ab, namentlich bei des Mauchen; da gab es hie und da Reste, sogenannte Überlinge. Mit besonderer Vorliebe suchten sie Zwetschgensteine, die, zu den Küchenfenstern hinausgeworfen, in den schmutzigsten Winkeln im Ablauf der Rinnsteine zu finden waren. Sie zerschlugen sie dann mit einem Hammer und aßen die Kerne. Ebenso spürten sie den Kartoffelabfällen nach, ob nichts Eßbares mehr in den Schalen stecke. Denn, wie gesagt, sowie es einmal Zwetschennarren gab, das ist so nach Johannis, war das Vesperbrot ganz abgeschafft.

Doch auf einmal waren sie fort. Der Schulmeister las ihre Namen ab, aber keines wußte, wo sie hingekommen waren. Nach drei oder vier Wochen brachte sie der Landjäger, als am Bettel ergriffen, per Schub heim. Zunächst aufs Rathaus, wo sie über Nacht ins Häusle (Arrest) gesteckt wurden.

Am nächsten Tag sollten sie in der Schule abgestraft werden. Zuvörderst wurden einige scharfkantige kleine Holzscheitchen von der Bühne herabgeholt, auf denen die Kinder kniend die Strafpredigt des Herrn Lehrers anzuhören hatten, sodann mußten sie, jedes seiner Worte nachsprechend, das feierliche Versprechen ablegen, nie und nimmermehr ihre lieben Eltern, die schon soviel an ihnen getan, also betrüben zu wollen. Dann mußten sie das vierte Gebot aufsagen, und zuletzt bekam jedes eine tüchtige Tracht Schläge. Zum Schluß der Schule wurde dann das Gesangbuchlied: „Kehre wieder! Kehre wieder, der du dich verloren hast!“ von der gesamten Schuljugend gesungen.

Aber was half's? Nach drei oder vier Wochen war wieder die gleiche Geschichte. Auf Rutesheim hatten sie es besonders abgesehen. Da gab es Stücker Brot wie ein Wamsärmel, und Rahmstrugele beim alten Philippin. Erdbirnen, soviel sie nur essen mochten, und Milch dazu, und zwar keine abgerahmte. Wenn nur nicht der böse Landjäger immer wieder dazwischen gekommen wäre. Nun, der Herbst, namentlich wenn es Obst gab, war nicht übel. Sie wußten jeden Baum, der gute

Früchte hatte, und da sagte dann die Mutter in Hinsicht der nahen Kirchweihe: „Wenn ihr keine Äpfel und Zwetschgen herbeischafft, so bekommt ihr auch keinen Kuchen!" — Sobald im Frühling das Bohnenstecken anging, mußten sie durch „Bohnenhitzen", dem bekannten Spiel der Kinder, die Steckbohnen beschaffen.

Besonders einträglich für die Küche des Steinhilberschen Hauses gestalteten sich die Visitationstage, wo es, wie auch noch heute, gebräuchlich war, jedem Kind zum Schluß der Prüfung einen Wecken zu verabreichen. Da mußte nun jedes der drei Älteren ein Jüngeres mit zur Schule nehmen, wo es dann auch einen bekam. Und eine gute Stunde vorher, ehe die Kinder kommen konnten, stand schon Milch auf dem Feuer zu einer Milchsuppe, und die Steinhilbere sprang wohl zwanzigmal die Staffel hinab, um nachzusehen, ob die Kinder jetzt kommen. Da mußten sie dann schon im Hausgange die Wecken abliefern.

Allmählich jedoch nahmen sie Hamstergewohnheiten an. Jedes hielt sich ein Versteck, das es ängstlich vor seinen Geschwistern hütete, einen Behälter, in dem es Eßbares für Notfälle aufspeicherte. Hiezu war besonders der Öhmdstock im Scheunenbarn geeignet. Da hatten sie dann bis in den Winter hinein Schlehen, Hagebutten, Wacholderbeeren, Sperbern, Bucheckern, Haselnüsse und Äpfel im Vorrat.

Als während und nach der Hungerzeit der fünfziger Jahre viele Leute von hier und der Umgegend nach Nordamerika auswanderten, schlossen sie sich, kaum konfirmiert, auch einer solchen Truppe an. Man hat nichts mehr von ihnen gehört.

Der Schlafrock des Herrn Schulmeisters

Als ich jung noch war und in die Schule ging, hatten wir eine schöne gestromte Katze, die war so gescheit wie ein Mensch. So hatten wir weder Acker noch Wiese, wohin dic Katze bei unserer Hantierung vom ersten Frühling bis zum späten Herbst uns nicht schon dutzendmal begleitet hatte, und ohne sich zu fürchten, mochte entgegenkommen, wer da wollte. Aber auf einmal wurde sie also in Angst gejagt, daß sie keine zehn Schritte mehr über den Hof hinauszugehen sich getraute. Das ging so zu: Vater, Mutter und ich, ein Büblein von zehn Jahren, gingen auf unseren Hintererlesacker, um Kartoffeln herauszutun. Als wir nun an dem Fußpfad vorüber wollten, wo die Unterdörfer herausgehen, ging das Türlein auf, und heraustrat unser damaliger Herr Schulmeister, er hieß Henzler, in einem auffällig langen, grellbunt gescheckten Schlafrock, und begrüßte uns, da er ein gesprächiger Mann war, in gewohnter freundlicher Weise. Die Katze aber geriet beim Anblick solch niegesehenen Kleidungsstücks, das überdem ein scharfer Oktoberwind übernatürlich aufblähte, in einen solchen Schrecken, daß sie wie toll nach Hause rannte.

Als wir nun des Abends, es war schon ziemlich spät und schon ein wenig dunkel, die Gasse herabgingen, lehnte sich der Herr Schultheiß, er hieß B. und war unser nächster Nachbar, über das Fenstergesims heraus und rief meinen Vater zu sich her: „Gottlieb, was ist's mit deiner Katz? Ich sah sie vor ein paar Stunden wie toll die Straße herabspringen. Sie scheint mir wutverdächtig zu sein."

Mein Vater lachte und erzählte, daß die Katze einzig und allein vor dem Anblick des überlangen, grellbunten Schlafrocks des Herrn Schulmeisters also rabiat geworden sei.

„So! So! So! Kannst du das beschwören? Das muß ich sofort ans Oberamt berichten."

Das Fenster flog klirrend zu, und mein Vater hörte noch über die Gasse herüber das Kritzeln der Feder auf dem Papier, und gleich darauf ertönte auch schon das Glöcklein, das den Amtsdiener herbeirief. Sofort erschien dieser, ein schon älterer Mann in schwarzledernen Hosen und leinenem Kittel, und fragte untertänig nach dem Befehl des Herrn Schultheiß. Dieser herrschte ihn an: „Tua de an, Schütz, aber mach tapfer! Des Schreiba mueßt glei neitrage ufs Oberamt!"

Was geschah! Als wir am nächsten Morgen in der Schule saßen — wir lasen gerade im Buch Hiob, und mein Schulkamerad Steinhilber hatte soeben eine Ohrfeige bekommen —, ging die Tür auf und herein trat der Amtsdiener mit dem Befehl des Herrn Oberschulinspektors an den Herrn Schulmeister, sogleich aufs Rathaus zu kommen. Dort war mit dem Herrn Schultheißen der ganze Gemeinderat versammelt und oben am Tische, der gegen den Brunnen herübersieht, saß der Herr Schulinspektor. Soeben war davon die Rede, meinen Vater holen und vereidigen zu lassen, als der Angeschuldigte hereintrat.

„Was muß ich von Ihnen hören, Herr Schulmeister?", fuhr ihn der Herr Schulinspektor an.

Herr Henzler mochte wohl nicht ahnen, um was

sich's handle, und schaute bänglich von einem zum anderen.

„Holen Sie sogleich Ihren Schlafrock, Ihren unvorschriftgemäßen, ordnungswidrigen, unanständigen Schlafrock, Schandrock! Schandrock! sollte ich eigentlich sagen."

Der Amtsdiener war inzwischen auf Befehl des Herrn Schultheißen weggegangen und brachte den Schlafrock herbei.

„Ziehen Sie ihn an!"

„Schändlich! Schändlich! Empörend! — In solchem Aufzug im Dorf herumzulaufen und der Jugend schon ein solches Beispiel von Unanständigkeit und Unbotmäßigkeit zu geben!"

Und zu den Sitzen der Gemeinderäte sich wendend: „Dankt täglich Gott, daß ihr einen so wackeren Schultheiß habt; es freut mich, zu hören, und ich werde noch heute der hohen Regierung berichten, daß es auch hier Leute gibt, die der Unbotmäßigkeit und Unanständigkeit zu steuern versuchen. — Wer hat den Schlafrock gemacht?"

„Der Meister Blumhardt."

„Wo wohnt der Mann?"

„Hier, Herr Oberschulinspektor!"

„Lassen Sie ihn holen, Herr Schultheiß!"

Mit den Worten: „Schütz, gang nuf und hol de Blumhardt!" wandte sich dieser an den Amtsdiener.

Nach einer Weile kam Blumhardt, ein schon älterer Mann mit nicht unbedeutendem Höcker, und fragte höflich nach dem Befehl Seiner Ehrwürden, des Herrn Kaplan. Durch seinen langen Aufenthalt in Österreich hatte er sich nämlich, obschon Protestant, angewöhnt, jeden Geistlichen ohne Unterschied der Konfession mit Kaplan anzureden.

„Hat Er diesen Schandrock gemacht? Hätte gute Lust und ließe Ihn einstecken! Weiß Er nicht, wie ein Schlafrock gemacht werden muß? Will ein Schneider geheißen werden und weiß das nicht!"

Hier wurde Meister Blumhardt empfindlich. „Herr Kaplan! Bin zwanzig Jahre in Wien gewest, habe Seiner Durchlaucht des Fürsten Esterhazy Kammerdiener mehr als einmal Beinkleider gemacht, bin selber mit ‚Euer Gnaden' angeredet worden, möchte solche Zweifel an der Divination meiner Kunst mir höflichst verbeten haben."

Der Schultheiß pflichtete hier bei: „Ja, der Blumhardt ist ein rechter Schneider, hat auch mir und meinem Jörgle Hosen und Sonntagsröcke gemacht."

Der Herr Schulinspektor fuhr auf: „Das geht nicht daher, daß er Ihnen und Ihrem Jörgle schon Hosen und Rock gemacht, auch das nicht, daß er Seiner Durchlaucht des Fürsten Esterhazy Kammerdiener Beinkleider gemacht hat. Nein! Nein! Die Sachlage ist hier entschieden anders. Ein so raffiniertes Beispiel von Unbotmäßigkeit kann gar nicht strenge genug bestraft werden, um den sich immer breiter machenden Geist der Auflehnung gegen Höherstehende niederzukämpfen. — Hole Er seine große Schere, Meister Blumhardt!"

„Ich habe sie hier."

„So recht, recht, Meister Blumhardt! Schneide Er hier ab, hier, hier, daß die Schandfiguren da wegfallen! Keine Einrede, keine Einrede, Herr Schulmeister, oder ich lasse Sie auf vier Wochen ins Loch stecken. Besser hinauf! Weiter hinauf! Maulhalten, Herr Schulmeister! Noch ein bißchen höher hinauf! So! So kann Er's meinetwegen gehen lassen! Sieht Er jetzt, wie ein Schlafrock für einen unterbediensteten Mann zu machen ist? Merk Er sich's, Meister Blumhardt!!!"

Als der Herr Henzler wieder in die Schule zurückkam, lasen wir immer noch im Buch Hiob, und mein Kamerad Steinhilber kam gerade an die Stelle, da es heißt: „Schrecklich ist das Schnauben des Leviathans, und wer will ihm nehmen seinen Raub!" Aber der Herr Henzler sah sehr niedergeschlagen aus, und als sein Karlchen, das mir beständig meine Schlüsselbüchsen wegmauste, ihn was fragte, gab er eine ganz verkehrte Antwort. Und die Treppe herauf kam ein Gepolter wie von nägelbeschlagenen Schuhen, und herein trat der Herr Schultheiß mitsamt dem ganzen Gemeinderat und dem Herrn Schulinspektor. Und letzterer gebot Stille und sprach also:

„Derweilen nun die so verwickelte Angelegenheit sozusagen leidlich, das heißt ohne gerade hartnäckiges Leugnen des Angeschuldigten, obschon man sich dessen versehen habe, zum Austrag gelangt ist, so ist auch von einer Vereidigung des als Zeugen geladenen Schreinermeisters Gottlieb Wagner vorläufig abzusehen."

Da ging der Amtsdiener hinaus und sagte zu meinem Vater, der über die ganze Zeit im Rathausgang stehend hatte warten müssen: „Du kahnst ietzt hoam!"

Die Marterstiefel

Ja gewiß, er war ein lieber gefälliger Nachbar, dieser Schuhmacher Auer. Jahraus, jahrein, vornehmlich in den langen Abenden des Winters war die ganze Stube voll von Nachbarn, selbst Unterdörfern, das heißt solchen, die einen weiteren Weg zu gehen hatten. Es war, was man hier einen Männervorsitz zu heißen pflegt. Da saßen sie herum auf der Bank: der alte Goßper, der Philipple, der immer mit dem Kopf wackelte, der Tobias, der Schützenhansjörg und Gott weiß welche. Da wurden nun die Tagesneuigkeiten besprochen: des Michels Christian hatte ein Schwein verkauft, der Basche ein Kalb um soundso viel Gulden; das Dorle war gestorben, und auf den Fünfzehnten des Monats war Teilung angesagt; der Heckenbeerle hatte soeben noch ein Wägelchen Brennholz nach Stuttgart geladen usw. Nun, dies alles wäre recht und gut und völlig harmlos gewesen, wenn diese Besuche nicht auch Verpflichtungen mit sich gebracht hätten. Anständigerweise mußte doch ein jeder dieser Besucher für sich selbst und seine Angehörigen Schuhe und Stiefel hier machen lassen, und so traf auch mich das leidige Los, Weheträger zu werden. Doch nicht, als ob der gute Mann lumpige Arbeit geliefert hätte, nein, im Gegenteil: es waren solide und unzerreißbare Stiefel, die er machte. Nur schade, daß ihr Träger fast daran zugrunde ging. Denn nicht die Stiefel gingen kaputt, sondern der Unglücksmensch, der verurteilt war, sie zu tragen. Pechstiefel vorsintflutlicher Art mit Drähten, so dick wie eine Schnur, und Nägelköpfen wie ein Kupferkreuzer.

Welche Qual diese Stiefel nur an einem einzigen Tag verursachten, läßt sich überhaupt nicht in Worten schildern. Vollends wenn es sich traf, daß ich einen weiteren Weg, etwa nach Stuttgart, zu gehen hatte. Am Frauenkreuz, kaum eine Stunde von hier, hatte ich schon wunde Knöchel und blutrünstige Schienbeine. So probierte ich's dann, barfuß zu gehen. Nun, das wäre köstlich gewesen, aber da kamen Leute, vor denen ich mich schämte, da kam die Stadt, in deren Straßen ich doch un-

möglich barfuß umhergehen konnte, und, den Schmerz verbeißend, zog ich sie wieder an. Möge doch keiner der Leser die Unzerstörbarkeit dieser Stiefel anzweifeln. Heute noch kommt der eine oder andere, von Pflug oder Schaufel aufgewühlt, zum Vorschein; unversehrt wie ein fränkisches Schwert oder eine römische Münze, zementartig gehärtet von der Nässe des Bodens.

Und sollte je einmal meiner poetischen Versuche halber, vielleicht erst nach Jahrhunderten, ein Antiquitätensammler, vielleicht Spezialist für Reliquien ländlicher Dichter, es unternehmen, meinen Überresten nachzuspüren, so möchte ich ihm hiefür besonders den Acker hinter der Scheune, jetzt Garten, vorschlagen, wo er unfehlbar diese Marterstiefel noch auffinden wird, und zwar genau in gleicher Dauerhaftigkeit als zur Zeit, da ich sie getragen. Falls jedoch dieser ehrsame, vielleicht arme Finder, möglicherweise Dichter, dieselben ihres guten Zustandes wegen noch zu benützen gedächte, so lege ich, um ruhig sterben zu können, feierlichst Verwahrung hiegegen ein, da sie von Rechts wegen nur in eine Sammlung von Folterwerkzeugen gehören. Es sei ihm Nürnberg hiezu empfohlen.

Der Schneider-Jobb

Neben dem in der Oberamtsbeschreibung vom Jahre 1850 über Warmbronn Gesagten: „Es ist ein armer Ort, und seine Bewohner nähren sich größtenteils vom Handel mit Kienholz, Wacholderbeeren und Wacholdergesälz“, woher sie auch den Spitznamen „Beerlesklopfer“ bekommen haben, hätte so eine kleine Gewerbstätigkeit „Schwefelholzfabrikation“, wenn nur dies Wort nicht so verdammt modern klänge, mit vollem Recht angefügt werden können. Es war nämlich noch die Zeit, wo man mit Stahl und Stein Feuer schlug. Der Zunder faßte den Funken auf und erhielt ihn im Glühen. Ein darüber gehaltenes Schwefelhölzchen entfachte ihn dann zur Flamme. Da war es nun vornehmlich der alte Schneider-Jobb, der sich Mühe gab, diese Fabrikation im größeren zu betreiben. Er war ein Sinnierer und Grübler mit einem Zug ins Mystische, der Schustern wie auch Schneidern eigen ist, und ich erinnere mich noch gut der Zeit, da er ins Ausnähen ging und in unserer Stube mit Nadel, Schere und Bügeleisen herumhantierte. Nebenbei kam er mit besonderer Vorliebe aufs Tausendjährige Reich zu sprechen, das nach allen Zeichen der Zeit demnächst anbrechen müsse. Das Hungerjahr 1847 hatte ein oder zwei Jahre zuvor die Gemüter in Schrecken versetzt, ebenso ein Komet. Dazu kam noch die Eisenbahn, die kaum erst aufgekommen war. Lauter untrügliche Anzeichen dafür, daß der Jüngste Tag nahe und das Gleichnis von den zehn Jungfrauen, die ihre Lampen bereithalten sollten, so ganz am Platze sei, so ganz eine weitergehende Beziehung auch auf ihn habe. Er meinte dies in bezug auf seine Schwefelhölzerfabrikation. Denn: „Wachet und betet und lasset eure Lichter brennen!"

So schien ihm dies als geheiligtes, gottgewolltes Geschäft und die Schneiderei als etwas Nebensächliches, gewaltsam Aufgedrungenes, fast Unwürdiges. Wohl, Abnehmer für die Hölzchen hätte es genug gegeben. Jeder Hausierer nahm ganze Päcke mit, wenn nur der Schwefel selbst wohlfeiler gewesen wäre.

Da kam 1850 ein neuer Pfarrer hieher. Er hieß Fleiderer und gehörte zu den Frommen im Lande. Zu den Stillen vielleicht weniger. Schon seine Antrittspredigt, Investiturpredigt, sagte unserem Schneider-Jobb ausnehmend zu. Er stellte den Feuerofen, den Schwefelpfuhl, das Schwefelmeer, in dem Sodom und Gomorra untergegangen, in den am Tage des Weltgerichts sämtliche Ungläubige und Unbekehrte hineingestürzt, eigentlich hineingesprengt werden, in den lebhaftesten Farben vor die Augen seiner Zuhörer. Also, gottlob, es gab demzufolge noch mehr Schwefel auf der Welt, auch außer der alten Kiste im Laden des Kaufmanns Josenhans in Leonberg. Ja, gottlob, es gab noch viel Schwefel auf der Welt, und für sein Geschäft mochte er schon noch ausreichen. Ein Stein der Sorge fiel ihm vom Herzen. Von diesem Tag an waren der Schneider-Jobb sowie der Kuhhirte Thomas begeisterte Anhänger des neuen Herrn Pfarrers und versäumten weder Predigt noch Kinderlehre. Auch hielt er streng darauf, daß Weib und Kinder fleißig zur Kirche gingen. Denn „der" hat den rechten Geist, pflegten die Schwefelpfuhlbegeisterten an ihm zu rühmen. Wenn er nur eher auszuholen gewesen wäre, wo der Schwefelpfuhl liege? Möglich, daß die Entfernung nicht allzu groß, und sich's verlohnen könnte, verlohnen würde, mit einem Zweispännerwagen voll guter tannener Hölzchen hinzureisen, um sie in die schweflige Brühe einzutunken, und zwar völlig unentgeltlich.

„Wenn er se no amol verschnappe tät", pflegte nicht ganz christlich der krumme Husärle hiebei zu sagen.

„Aber er verschnappt se ebe net, sonst kommt er vom Dienst", meinte hierauf sein Nachbar, der gleichfalls Hölzle machte, der alte Weißenbühler. „Em Schneider-Jobb sait er's no zaierste. Hinter dean müesset mer's stecka."

Aber die Zeit ward immer verderbter. Und am Sonntag Trinitatis gestattete sich der Herr Pfarrer den Luxus, über die gegenwärtige Zeit, der kurzen Gnadenfrist zwischen der sechsten und siebten Posaune des Weltgerichts, in verzückter Befriedigung zu reden. Und der Schneider-Jobb trat nach Beendigung des Gottesdienstes in die Sakristei ein, um von dem Pfarrer, solange dieser noch unter dem Eindruck seiner Predigt stand, Näheres und Bestimmteres über den Schwefelsee zu erfahren.

Aber der Herr Fleiderer ließ sich kühl an. Entweder wußte er's nicht oder durfte es nicht sagen, kurz: unser guter Schneider-Jobb konnte nichts Sicheres, Bestimmtes aus ihm herausbringen. Einzig das, daß er nach Morgen gelegen sein müsse.

Und siehe da: durch einen Zufall — oder war's Schickung? — kam ihm eine fremde Zeitung zur Hand — es war ein Halstuch darin eingewickelt gewesen —, in der von einem Schwefelsee in Ungarn, Komitat Nagytörözd, berichtet war. Stimmte nicht alles zusammen: Offenbarung Johannis, Buch Daniel? Also los! Der Amtsdiener schellte aus, daß der Schneider-Jobb Haus und Güter verkaufen wolle.

Aber die Zurückgebliebenen, die Husärles wie die Weißenbühlerschen, taten empört, daß der fromme Spitzbube nun ganz ungehindert den Rahm allein abschöpfen dürfe und sie das Nachsehen hätten. Und sie bezichteten den Herrn Fleiderer eines geheimen Einverständnisses mit dem Flüchtling, der wohl gewußt habe, was er tue. Und von Sonntag zu Sonntag ward die Kirche leerer. Auch half es nichts mehr, obschon der Pfarrer wieder und wieder mit flammenden Worten vom Schwefelpfuhl predigen mochte; es wollte eben nicht mehr ziehen. Selbst die alten Weiber, die immer noch die Nachmittagsgottesdienste bevölkert hatten, blieben nach und nach weg.

Und auf einmal hatte man wirkliche, wahre Zündhölzchen bekommen. Das junge Volk wußte nichts mehr von Stahl und Stein. Nur da und dort ein alter Schäfer, Straßenknecht oder Förster hielt hartnäckig daran fest. Und so kam es, daß die Schwefelhölzer allmählich in Abgang kamen und niemand mehr in Aufregung geriet, als man erfuhr, daß der Schneider-Jobb nach Siebenbürgen weiter verzogen sei.

Wohl lag dazumal viel geistige Nacht auf der kleinen Gemeinde, und mit Ausnahme einiger wenigen Erweckten, Aufrechten war der Kirchenschlaf allgemein. Da hätte freilich eine kräftige Stimme des Predigers und eine gute neue Orgel notgetan. Statt dessen war das alte Örgelein vom Dreißigjährigen Krieg, auf dem die Kroaten schon herumgegeigt hatten, noch da; und wenn der Herr Pfarrer, um die Schlafenden aufzuwecken, mit einem scharfen Choral, wie zum Beispiel „Wachet auf, ruft uns die Stimme" oder „Der Herr bricht ein um Mitternacht", einsetzen wollte, so versagte es für gewöhnlich immer. Kein Wunder, da der Blasebalg eine Menge Löcher und Risse hatte, aus denen die Luft entwich, und der Orgelzieher, der alte Daniel, der überdem mit einem gewaltigen Kropf gesegnet war, ganz blauschwarz im Gesicht wurde, wenn trotz seines angestrengtesten Ziehens urplötzlich der Ton versagte und die Schulbuben, die hinter ihm auf der Orgel standen, noch gottlos dazu lachten. Da mußte nun in Ermangelung eines Fachmannes der Schuhmacher Nolthenius die Löcher im Blasbalg in den nächsten Tagen wieder zusammenflicken. Aber was half's? Es war nun einmal unsere Gewohnheit, neu angeschaffte Taschenmesserlein hier zu probieren.

Und einstmals kam der Herr Pfarrer ganz feurig in die Schule, weil vorgestern, am heiligen Pfingstfest, das Lied „Wie schön leucht't uns der Morgenstern" im schönsten Anlauf plötzlich versagte. Das kam so: Einige Tage zuvor war der Weilderstädter Markt gewesen, wo von uns Buben manches neue Messerlein angeschafft worden war, das, wie immer, auf seine Schärfe hier am Blasbalg probiert wurde.

Bald darauf legte sich der alte Daniel hin und starb. Auch der Herr Pfarrer wollte mit dieser Rotte Korah nichts mehr zu schaffen haben und meldete sich weg.

Der alte Mauch

Noch eines anderen Originals sei hier Erwähnung getan, und zwar des unersättlichen Essers, ja Fressers Mauch, bei dem mir immer der berühmte Vielesser des griechischen Altertums, Erysichthon, einfällt. Unser Warmbronner Erysichthon hörte auf den Rufnamen Felix, der gewiß ein glückverheißender war. Sein Vater war der vermöglichste Bauer hier gewesen und besaß neben dem stattlichen Wohnhaus mit großem Hof, Nebengebäuden mit Schweinestall, Waschhaus und Backhaus eine geräumige Scheuer mit zwei Tennen und doppelten Viehställen. Sämtliche Äcker und Wiesen bestanden, wie sich's für rechte Leute geziemt, aus großen Stücken von mindestens zwei bis drei Morgen und befanden sich immer in den besten Lagen. Es waren darunter keine Viertelein und Halbmörgelein wie bei den Gütern kleiner Leute. Er brauchte es auch, denn Hungerleiderei lag nicht in seinem Gemüte. So wurden in der Kirchweih nie weniger als ein paar hundert Kuchen gebakken; ein Scheffel Weißmehl reichte kaum aus, denn der Felix hatte die Gepflogenheit, stets zwei Stücke Kuchen aufeinander zu legen, um sie so zu verspeisen. So spielten auch in der Fastnacht die Fastnachtküchlein eine große Rolle, und er ließ sich's absolut nicht nehmen, sie selbst zu backen. Er hatte einen Buben, ein Jahr jünger als ich, und so kam es, daß ich als dessen Schulkamerad öfters dabei war, wie er mit aufgestülpten Hemdärmeln am Kessel stand und eine ganz verklärte Miene annahm, wenn er die braungebackenen knusperigen Küchlein herausfischte und in die Wanne tat. Zu diesem Zweck hatte er sich vom alten Schmied Mundinger eine handfeste Gabel machen lassen, denn die gewöhnlichen Küchengabeln deuchten ihn zu kindisch und zu zerbrechlich.

Wanne um Wanne dieser schmalzduftigen Küchlein wurde hinausgetragen. Auch gedörrte Zwetschgen, Hutzeln und Birnschnitze, dazu gebackene Klöße, genannt Schnallen, waren seine beliebte Speise, und seine alte Mutter, die im Hause war, erzählte in ihrer Einfalt, Gott wie oft, daß sie einmal ihrem Felix die Zwetschgensteine nachgezählt habe. Es seien zweihundertundzwanzig gewesen, aber er habe noch viele geschluckt. Dazu kamen noch ungezählte Schnitze und Hutzeln, sowie eine größere Anzahl Klöße. — Felix hielt sich immer zwei Teller, damit das Essen sich eher abkühle.

Dem Hause gegenüber wohnte ein Metzger, Jörg-Adam geheißen, der den Winter über fast täglich alte ausgemolkene Kühe zu schlachten pflegte. Da war es nun der Felix, der die Euter mitsamt den übrigen Abfällen aufzuräumen, das heißt zu verspeisen pflegte. Zuweilen half ihm hiebei der früher mehrfach erwähnte Schulmeister Henzler. Zur Dekoration seines langrippigen Gestells verwendete er mit besonderer Vorliebe Blutwürste vom Jörg-Adam, die, in die Knöpfe seines Kittels eingehängt, halbarmslang, wie sie waren, um ihn herumbaumelten.

Einst, es war im Sommer, fuhr er mit seinen Ochsen in den Wald, um Holz zu holen. Da schnitt sich einer derselben, der Zuhänder, beim Abweiden des scharfen Riedgrases so tief in die Zunge, daß er bereits verblutete und an Ort und Stelle geschlachtet werden mußte. Der andere zog ihn heim. Aber ganz gelassen sagte er zu den Leuten, die zu Hause teilnehmend und „O wie schade, wie schade um den schönen Ochsen!“ lamentierten: „Was heult ihr so! Man kann ihn ja essen!“ Und so geschah es auch. Und als er aufgezehrt war und der andere als einzeln nicht gut verkäuflich schien, meinte er kurz entschlossen: „Dem macht man's gerade auch wie dem ersten.“ — Als er einmal nach Calw ging, auf den Flachsmarkt, nahm er zur Wegzehrung einen tags vorher geschlachteten halben Bock mit. Daß ein Zentnersäule für eine Familie unmöglich über eine Woche hinaus reichen könne, behauptete er bei jeder Gelegenheit als feststehende, offenkundige Wahrheit, und seine stetige Anrede an Schüssel und Laib war: „Komm, Schüssel! Komm, Laib!“ Doch kein Ding der Welt hätte unserem Felix mehr Hochachtung abzugewinnen vermocht, als ein richtig gemästetes Schwein. Beim Anschauen eines solchen überkam es ihn wie tiefe innere Rührung. Auf die Metzelsuppe freute er sich wie ein Kind. Da kamen dann seine drei Ältesten mit Würsten dekoriert in die Schule, wo sie nicht bloß des Steinhilbers Kindern, sondern auch dem Herrn Schulmeister geradezu Hochachtung einflößten. Das waren doch einmal solide Ordenszeichen. Erstere stellten sich dann unter Absingen des bekannten Metzelsuppenliedes: „Ich sing' um de kleinen Mage, de große kann ich auch vertrage", und „e Stückle Wurst, e Stückle Speck, sonst gang i nemme vom Haus a'weg", im Hausgang auf. Sie bekamen reichlich, allein was half's? Würste und Brühe mußten sie ungeschmälert zu Hause abliefern, wo es dann noch Schläge absetzte, daß sie nicht noch mehr gebracht hatten.

Die Familie Mauch hatte Verwandte in Rohr auf den Fildern, etwa drei Stunden von hier, und da war es nun Brauch und Sitte, den Wöchnerinnen in der Verwandtschaft ein Kindbetteressen zu schicken. Als Erstes und Unerläßliches einen mürben Kuchen, so groß wie ein Schleifstein, und dazu noch eine Schüssel mit Küchlein oder Klößlein. Unser Felix, dazumal noch ein Bursche von vielleicht achtzehn Jahren, wurde dazu ausersehen, es fortzutragen; aber oben auf der Steige, kaum drei Minuten vom Dorf, setzte er sich auf einen Steinhaufen und ging, nachdem alles aufgezehrt war, wieder heim.

Das merkwürdigste an der ganzen Sache war, daß der Kerl stets branddürr blieb, langrippig, wie man zu sagen pflegt, und auch die Kinder — es waren ihrer sechs oder sieben — aussahen, als ob sie von einem Karfreitag zum anderen nur einmal was zu essen bekämen. Aber jetzt kamen die noch heute in der Erinnerung berüchtigten, schlechten fünfziger Jahre. Mehrmaliger Mißwachs hintereinander. Das schöne Gut, überschuldet, kam unter den Hammer und wurde um einen Spottpreis verkauft. Mauch zog mit der ganzen Familie nach Jux bei Backnang, wo er einen Besenhandel anfing, und der krumme Husärle, ein Spitzbube ohnegleichen, brachte ein Spottverslein auf „vom Luxemburger, der sein Sach' verjuxt habe".

Einige Jahre später kam er wieder hieher und starb im Armenhaus.

Der Jerusalemsbruder

Einsam saß er so da in seiner Stube und las bis tief in die Nacht hinein in den Apokryphen und Büchern der Propheten Jeremias, Joel, Nehemia und Habakuk, von Sanherib und Salmanassar und den Greueln der Assyrier in der heiligen Stadt, und seine Seele ward betrübt zum Tod. Und in der Nacht, so diesem Abend nachfolgete, ward ihm ein Gesicht, wie dem Paulus aus Tarsus. Doch nicht ein Mann aus Mazedonien war's, der ihn anrief, sondern ein Mann aus Jerusalem, der stand vor seinem Bette und bat flehentlichst: „Komm und hilf uns!" Und er entschlief wieder. Doch aufs neue hatte er ein Gesicht von den Greueln der Assyrier in der heiligen Stadt, denn der Sanherib trieb's je länger, je ärger, und der Geist strafte ihn und schrie ihn an: „Was säumst du!"

Und es begab sich, daß ich, der ich dies schreibe, tags darauf in die Wirtschaft des Bäckers Hegele hier eintrat, um ein Glas Wein zu trinken, und der Christian saß auch da, schlug mit der Faust auf den Tisch, daß die Gläser klirrten, und rief fort und fort mit schrecklicher Stimme: „Naus müsset se, naus!“ Doch als ich fragte, wen er hier meine, erwiderte er unwillig, daß ich in der Heiligen Schrift schlecht beschlagen sein müsse, um das überhaupt zu fragen. „Lest in der Schrift, da steht's.“ Da ich nun der Meinung war, daß er unter den Heiden die Türken meine, die Palästina beherrschen, wollte ich ihn bei dieser Gelegenheit über die dortigen Zustände belehren. Aber da kam ich schön an. „Was Türken! In der Heiligen Schrift steht nichts von Türken! Was Palästina! In der Bibel steht nichts von Palästina!“ Und mit schauderhafter Deutlichkeit wurde mir klar, daß der gute Christian der Meinung war, daß die Assyrier es seien, die heute noch die heilige Stadt mordend und raubend durchziehen. Und als ich gelinde Zweifel hiegegen auftat, meinte er kurz entschlossen: „Da müßt' ja G'schrift lügen! Aber die Menschen glauben eben nichts mehr!“

Und in der Nacht darauf las er wieder in den Apokryphen und den Büchern der Propheten von den Greueln der Assyrier in der heiligen Stadt,

denn der Sanherib trieb's je länger, je ärger, und der Geist strafte ihn und schrie ihn an: „Was säumst du?"

Und der Christian stand frühe auf und ging aufs Rathaus und besprach sich mit dem Schultheiß über den Verkauf seines Hauses, seiner Äcker und seiner Fahrnis, da er gewillt sei, nach Jerusalem zu ziehen. Und der Amtsdiener schellte aus, daß der Christian Haus und Güter verkaufen wolle. Aber seine Vettern und Basen berieten sich untereinander und sprachen: „Was will der Simpel? Lassen wir ihn ziehen, so ist's mit der Erbschaft vorbei. Da kommt kein Pfennig mehr in unsere Hände. Auch würde er bei seiner Simpelhaftigkeit gar nicht nach Palästina gelangen." Also sprachen sie gleich wie Heiden und hintertrieben das Werk des Herrn. Und auch die anderen Heiden des Orts machen sich über ihn lustig.

Und es begab sich, daß ich eines Tages in die Wirtschaft zum Hirsch hier eintrat, um ein Glas Wein zu trinken. Und der Christian war auch da und schlug mit geballter Faust auf den Tisch, daß die Fenster klirrten: „Naus müsset se, naus!" Und ein anwesender Fremder mit zweien seiner

Freunde, die in der Stube waren, stand empört auf und fragte, ob er sie meine? Und ein Wort gab das andere, und sie schrien zusammen: „Was will der Stotterer?"

Da sprach der Christian: „Mose war auch ein Stammler, und doch führte er das heilige Volk aus Ägypten." Da er dies sagte, ließen sie von ihm ab.

Hierauf ging er heim und setzte sich an den Tisch und las bis in die tiefe Nacht hinein von den Greueln der Assyrier in der heiligen Stadt und von den Untaten des Sanherib. Und es erfüllete sich an ihm, was geschrieben stehet im Buch Mosis, Kapitel 11: „Es rang ein Mann mit ihm, bis die Morgenröte anbrach." Nämlich: als er sich die lange Nacht, natürlich im Traum, mit dem Sanherib, der ein handfester Kerl war, abgekämpft hatte, er hatte ihn eben zu Boden geworfen und wollte ihm vollends den Garaus machen, aber bei der Bewegung, die er hiebei machte, fiel er aus dem Bette und wachte auf. Doch nicht ganz, denn der Sanherib stand schon wieder fest auf seinen Füßen. Und wieder würgte ihn der Christian, und wieder gelang es ihm, ihn an die Wand zu drängen, um ihn vollends unschädlich zu machen. Und siehe, da hing zum guten Glück ein Strick mit offener Schleife. Diese suchte er dem Sanherib über den Kopf zu ziehen, vergriff sich jedoch in der Person und brachte den eigenen Hals in die Schlinge. — Und als die Morgenröte anbrach, hieß es schon rings bei den Nachbarn, Vettern und Basen: „Der Christian hat sich erhängt." Doch der Sanherib hatte sich wohlweislich aus dem Staube gemacht und dürfte zur Stunde, da ich dieses niederschreibe, bereits wieder in Jerusalem angelangt sein. — Wann wird der Retter kommen diesem Lande?

Die Wirtsbuben

Fürwahr, es ist in der Nachbarschaft nie mehr so urgemütlich geworden, wie in den fünfziger und sechziger Jahren. Ein Blick zum Küchenfenster hinaus auf die gegenüberliegende Staffel zeigte uns den Jakoble in seinen lotterigen Lederhöselein mit herabhängenden Strümpfen — ich habe ihn nie anders gesehen —, sein Pfeifchen in urgemütlichem Behagen rauchend. Neben ihm saß als ständiger Gesellschafter der alte Philipple, ebenfalls mit der Pfeife im Maul und beständig mit dem Kopfe wackelnd. Denn der Jakoble war tags zuvor mit einem Wägelchen Holz in Stuttgart gewesen und erzählte nun dem Philipple wahre Wunderdinge, die sich gestern und vorgestern dort zugetragen haben sollten. So zum Beispiel, daß gestern in der Hauptstätter Straße ein vierspänniger Wagen voll Salat fürs Wildbad geladen worden sei. Der alte Mundinger, Vater der Wirtsbuben, war früher auf dem „Adler" gewesen, jetzt wohnten mein Vater und ein Schmied in dem Haus. Als der Alte starb, war bei den Kindern, den Wirtsbuben, vollends kein Aufhalten. Noch zweimal nahmen sie Draufgeld und erhandelten zuletzt das Häuslein des Schneiders Schäufele, in dem sie bis zu ihrem teils seligen, teils unseligen Ende verblieben. Vom Garten lief ein Fußpfad an der Hinterfront der Scheunen entlang zum Magstadter Weg, der direkt zum Magstadter Wald führte. Mit der Regelmäßigkeit einer Uhr sah man um drei Viertel auf elf, der Zeit des baldigen Heimgehens zum Mittagessen, die vier Geschwister daherkommen, doch jedes einzeln, etwa hundert Schritt vom anderen entfernt. Voraus der Hannes, eine feste, gedrungene Gestalt im blauen Fuhrmannshemd, der rechte Backen wie geschwollen, da er beständig Tabak kaute. Er war der Bahnbrecher. Dann kam der Jakoble, etwas lotterig, wie immer mit herabhängenden Strümpfen und dem Pfeifchen im Maul. Dann der Christian, der stolzeste der Gebrüder; er war bei der Post gewesen und wurde unwillig, wenn man ihn, wie seine Stuttgarter Kollegen, Heckenbeerle und nicht, wie sich's geziemt hätte, Stangenreiter nannte. Dann eine ältere Schwester Meile (Marie), Olga von ihnen geheißen. Nach etwa einer Stunde kamen sie auf dem gleichen Wege wieder zurück, und zwar jedes mit einer Tracht Birkenholz auf dem Rücken. Für Birkenholz hatten sie eine besondere Vorliebe, es so sah so sauber aus und wurde von den Stuttgartern, besonders den Köchinnen, gern gekauft. Die von ihnen heimgesuchten Waldstücke sahen aus wie Biberschläge. Lauter Birkenstümpfe auf zwei oder drei Fuß Höhe um- und angesägt. Die waren dann bis nächsten Sommer dürr, und man konnte sie herzhafter holen. Auch war es in dieser Höhe so recht bequem zum Sägen und zum Sitzen. Da saßen sie nun und tranken ihren Schnaps, denn der Hannes hatte in seiner weiten Brusttasche ein Krüglein sowie ein Laibchen stecken, und wenn der Waldschütz dazu kam, wurde er mit großer Herzlichkeit und den Worten: „Michele, trink!" auch eingeladen. Doch zuweilen ging's auch anders. Als der Heckenbeerle, da er sich von der Post weg den Gebrüdern anschloß und noch ein fuchsgrüner Junge war und, zum guten Glück allein, eben eine Birke ansägte, trat der neue Waldmeister mitsamt dem neugebackenen Revierassistenten auf ihn zu:

„Du Himmelsackerment, du verfluchter. Was machst du? Wie heißt du?" — Keine Antwort. — „Du Himmelsackerment! Wie heißt?" — Wieder keine Antwort.

Da wandte sich der Waldmeister an den Waldschützen mit den Worten: „Wenn der gottverdammte Kerl da seinen Namen auch nicht sagt, 's ist eins! Du schreibst ihn dennoch auf!" Dann gingen sie ihrer Wege. Ein anderes Mal war's, daß, als der Hannes und der Jakoble eben an einer Birke sägten, der Förster dazukam und erschrecklich auf sie hineinwetterte. Der Jakoble wollte mit dem Sägen innehalten, aber der Hannes fuhr ihn an: „Säg furt und laß den da schwätzen! Wenn er nicht zufrieden ist, kann er einen Buckel voll Schläge haben!" Dabei nahm er eine so drohende Stellung und Miene an, daß es der etwas leibarme Waldmann für geraten fand, sich möglichst still zu entfernen.

Zu Hause hatten sie ein „Gäulich und ein Wägelich", trotzdem trugen sie das Holz heim, um es an den Wochentagen Dienstag und Samstag nach Stuttgart zu führen und zu verkaufen. Der Erlös daraus mußte dann, soweit sie ihn auf dem Rückweg in Heslach oder auf dem Schatten nicht in Schnaps vertranken, bis zum nächsten Wochentage reichen.

Und da saß dann der Jakoble auf seiner Staffel mit herabhängenden Strümpfen, urgemütlich mit geradezu unnachahmlichem Behagen sein Pfeifchen rauchend und dem Philipple Neuigkeiten erzählend. Dieser nahm sie ohne jeden Widerspruch bei fortwährendem Mit-dem-Kopfe-Nikken gläubig auf. — Doch recht ergriffen und hinreißend wurde der Jakoble erst dann, wenn er auf den Friolzheimer Markt zu sprechen kam. Da weinte er vor Rührung, da freute er sich wie ein Kind auf den Christtag und Ostertag.

Wieder war der 24. Februar herangekommen. Es war in einem der Jahre 1863, 64 oder 65. Tagsüber hell und warm, der Schnee meist weggeschmolzen, bei Nacht jedoch festgefroren und empfindlich kalt. Da ging der Jakoble vom Friolzheimer Roßmarkt heim, kam vom Weg ab und geriet in den durch Malmsheim fließenden Planbach. Ob er dort erfroren oder ertrunken ist? Wahrscheinlich beides zusammen. Unterwegs hatte er noch kreuzfidel gesungen: „Branntwein, du bist mein Gott! Du führst me bald hist und bald hott!"

Neben dem Holzhandel betrieben die Wirtsbuben auch einen kleinen Roßhandel. Sie kauften wohlfeile, mit allerhand Mängeln behaftete Gäule zusammen, mehr als zwei Kronentaler durfte keiner kosten, und versuchten dann, sie mit Vorteil wieder an den Mann zu bringen. Hiebei wendeten sie allerhand Kniffe und Handelsschliche an. Der Hannes hielt das Pferd feil, und der Jakoble strich unter den Käufern umher, und wenn ihm ein besonders einfältig aussehendes Bäuerlein auffiel, so machte er sich an dasselbe mit der teilnehmendsten Miene von der Welt und der treuherzigen Frage: „Was laufet Ihr um, Vetter?" — „So, so und so möcht' ich einen Gaul kaufen." — „Grad so wüßte ich einen, kommt nur mit!" — So brachte er ihn zu seinem Bruder, wobei er tat, als ob er diesen nicht kannte, und ihn zuerst nach seiner Herkunft fragte. Dann ging der Handel los, und nach langem Feilschen wurde man am Ende handelseins. Allein schon ein oder zwei Tage später brachte der geprellte Käufer den Gaul wieder zurück, forderte sein Geld und erschrak nicht wenig, als er sehen mußte, daß sein freundlicher

Berater der Bruder des Betrügers war. — Doch der Jakoble tat so unschuldig, zeigte so viel Teilnahme, legte so viel Mitgefühl an den Tag, daß er fast wankend werden konnte. Blieb er aber fest und ließ sich durch dieses rührende Gerede nicht breitschlagen, so fuhr der Hannes aus der Kammer heraus, machte ein grimmiges Gesicht, rollte die Augen, ballte die Fäuste, tat so schreckliche, nie gehörte Flüche, daß es der Fremde, um mit heiler Haut aus dem Hofe zu kommen, geraten fand, den Gaul am Zaume zu nehmen und sich möglichst still zu entfernen. Von der Küche aus sandte ihm das Meile noch eine Flut von Schimpfwörtern nach, unter denen als das harmloseste wohl „Lumpenpack!" gelten mochte.

Als der Hannes einige Jahre später am Nervenfieber krank dalag, woran er auch starb, besuchte ihn der Herr Pfarrer, er hieß Fleiderer, und forderte ihn auf, Buße zu tun, drohte ihm mit dem höllischen Pfuhl usw. Da fuhr der Hannes wie wütend aus dem Bette und drohte hiefür dem Pfarrer mit Schlägen, so daß dieser kaum noch die Türe gewinnen und hinter sich zuschlagen konnte.

Der Husarenhannes

Er war Feldschütze hier, hatte einen kurzen Fuß, so daß er merklich hinkte. Dafür trat er dann mit dem gesunden wuchtiger auf, und zwar beständig mit „Himmelsa“, was eigentlich ein halbgefluchtes „Himmelsackerment“ sein sollte. Er hatte nur ein Auge, dessen ungeachtet ein ausgezeichnetes Gesicht, dabei aber ein schlechtes Gehör. Daher kam es, daß auch sein allertäglichstes Gespräch wie Geschrei sich anhörte, weil er andere Leute auch für übelhörig hielt. Da wohnte nun im gleichen Hause wie wir, nur eine Treppe höher, ein kleines Männle, er war Steindrucker und Kolorist, eben der schon mehrfach erwähnte Röckle — ich werde noch mehr auf ihn zu sprechen kommen —, der baute auf die Husarenstimme des „Himmelsa“ — er nannte ihn nie anders — einen raffiniert ausgedachten Ulk. Mein Vater war Schreiner, und ab und zu kam der Hannes, um seine Säge feilen zu lassen. Kaum hatte der Röckle die bekannte Stimme gehört, als er die Treppe herunterkam und bei uns eintrat. Nach einem treuherzigen: „Seid Ihr auch da, Vetter?“ suchte er ein Gespräch mit ihm anzuknüpfen. Etwa so: „Was haltet Ihr davon, ich habe im Sinn, meinen Magstädter-Weg-Acker mit Hanf anzupflanzen. Ihr seid ein erfahrener Mann, und ich erinnere mich noch, wie Ihr gerade darüber, wie der Hanf gepflanzt und behandelt werden muß, mit so großer Sachkenntnis schon gesprochen habt. Seid so gut und belehrt mich hierüber.“

Nun war der Hannes ins richtige Fahrwasser eingelenkt, denn das war sein Lieblingsthema. „Guck, Bua! I will der's sa (sagen).“ Er fing nun an, eine eingehende, ausführliche Beschreibung von Saat und Anbau des Hanfes zu geben. Doch je länger er sprach und die Sache recht deutlich zu machen sich bemühte, um so blöder und einfältiger guckte das kleine Männle und sagte zuletzt in weinerlichstem Ton: „Ja, Ihr schwätzet wohl, Vetter, aber ich kann's eben nicht begreifen.“

„Himmelsa! Sa! Sa! Guck, Bua! I will der's nomal (nochmals) sa! Aber paß uf!“ Und wieder begann

er, wie das erstemal, Saat, Anbau und Behandlung des Hanfes deutlich zu beschreiben. Doch stets blöder und einfältiger guckte das kleine Männlein, und wieder erwiderte er auf die Frage des Hannes, ob er ihn jetzt verstanden habe, in weinerlichstem Ton: „Ja, Ihr schwätzet wohl, Vetter, aber i kann's eben net begreifen."

„Himmelsa! Sa! Sa! Sa! Himmelsackerment", schrie jetzt der Hannes, und wie naher Donner hallten seine Worte. „Bua! Bua! Bua! Jetzt will der's nomal sa, aber no nemme! Paß uf!" Nun begann er das schon zum zweitenmal Wiederholte nochmals zu wiederholen, aber diesmal mit solcher Husarenstimme und so vielen eingesprengten „Himmelsa! Sa! Sa! Himmelsackerment", daß alles zusammensprang, um zu sehen, was es gäbe. Denn es hörte sich an wie purer Mord und Totschlag. Der ganze Hof ward im Nu voll von Leuten. Das ganze Dorf geriet in Alarm, doch auf einmal löste sich der anfängliche Schreck in ein weithin hallendes Gelächter.

Der Röckle hatte sich still entfernt, ohne daß es der Hannes bemerkt hatte. Und als der Räsmann, den die hiesigen Buben spaßweise den Garibaldi nannten (es war ums Jahr 1859), um zu hören, was es hier gäbe, in den Hof hereintrat, rief des Bräunings Schorsch, ebenfalls ein Spitzbube ohnegleichen: „Es lebe der Garibaldi!" Und der ganze Haufe brüllte nach: „Vivat hoch! Vivat hoch! Vivat hoch! Es lebe der Garibaldi!"

Doch gerade in diesem Moment fuhr ein prächtiger Wagen, mit vier feurigen Rossen bespannt, die Straße herunter und am Hof vorbei, und ein vornehm gekleideter Fremder hieß die Pferde einen Augenblick halten und lehnte sich zum Wagenfenster heraus, um zu sehen, was es hier gäbe. Doch wieder rief der Schorschle sein „Es lebe der Garibaldi!" Und wieder brüllte der ganze Haufe: „Vivat hoch! Vivat hoch! Vivat hoch! Es lebe der Garibaldi!"

Doch erst eine Woche oder zwei nachher erfuhr man, daß dieser vornehme Fremde ein berühmter Staatsmann sei, Diplomat und zugleich Chefredakteur des ersten Journals in Mailand. Und dasselbe brachte einen geharnischten Artikel über die süddeutschen Kleinstaaten, daß die Wühlarbeit auch da schon begonnen habe, und zwar in dem als so friedlich gerühmten Württemberg. Er sei vorige Woche durch ein schwäbisches Dorf gekommen, wo er Zeuge einer stürmischen Manifestation zu Ehren des berüchtigten Revolutionärs Garibaldi gewesen sei, und daß es scheine, als ob die Insurrektion namhafte Fortschritte mache.

Das Auswärtige Amt nahm die Nachricht in geziemender Würdigung der bedrohlichen Sachlage auf. Depeschen flogen hinüber und wieder zurück. Zwischen Stuttgart — Mailand — Turin — Wien — Rom entwickelte sich ein lebhafter diplomatischer Verkehr. Der Heilige Stuhl wackelte in allen Fugen. Ein Bataillon Kaiserjäger wurde nach Bregenz befohlen. Doch nach und nach klärte sich die Sache ab, und es blieb beim alten.

's alte Müllermichels

Die gesamte Lebensführung der zahlreichen Familie ging auf in den Worten: Steinbruch, Abwerg und Dornbüschele. Der gesamte Haushalt kam wenig darüber hinaus. Sämtliches Denken und Handeln bewegte sich in diesem Rahmen. Es war eine zahlreiche Familie, vier Buben und drei Mädchen, aber alle so zäh wie Leder. Weder Hunger noch Durst, weder Frost noch Hitze, weder Regen und Schnee noch die verdorbene Luft der Stube, wo niemals ein Fenster geöffnet wurde, denn es wäre Verschwendung gewesen, die Wärme hinauszulassen, konnte ihnen was anhaben. Der Alte freilich, der war an kurzem Atem gestorben, aber die Kinder waren nicht umzubringen. Es war ein solcher ungezähmter Arbeitstrieb in ihnen, daß sie keine Stunde des Tages, das Wetter mochte auch noch so schlecht sein, zu Hause bleiben konnten. Sie bewohnten in der hinteren Hälfte eines langen, einstockigen Hauses, dessen Türe und Fenster in den Hof hinaus gingen, eine zwar niedere, aber geräumige Stube mit großmächtigem Ofen; daneben war eine Kammer, in der einer der Buben seinen Webstuhl hatte. Daran saß er dann bei der matten Beleuchtung eines Öllämpchens, das nebenbei schrecklich rauchte, bis spät in die Nacht hinein und wob an einem vorsintflutlichen Webstuhl den Bauernweibern Sackzwillich und Leinwand.

Die anderen drei gingen Tag für Tag, mit Ausnahme von Heuet und Ernte, wo sie daheim zu tun hatten, in den Renninger Steinbruch, wohin ihre Mutter das Mittagessen nahezu eine Stunde weit zu schicken hatte. Doch wählerisch waren sie nicht, wenn es nur nichts kostete. So aßen sie ihr Mittagessen wochenlang ungesalzen und ungeschmalzen, da keiner einen Kreuzer herausgab, jede Ausgabe für die Küche seinen anderen Brüdern zuschob, und jeder sein Geld zurückhielt. So hatte die Mutter daheim oft nicht den nötigsten Kreuzer, und mehr als einmal ließ sie es aufs Äußerste ankommen und kochte nicht. Umsonst! Lieber wären sie halb verhungert, als daß sie von ihrem doch namhaften Verdienst zur Bestreitung des Haushalts etwas herausgegeben hätten. Dagegen kauften sie Äcker, einen um den anderen, zahlten pünktlich die Zieler, und ließen sie auch auf sich einschreiben. Ins Wirtshaus gingen sie nicht, überhaupt nirgends hin, wo es was kostete. An Sonntagnachmittagen stolperten sie von einem Acker zum anderen, um zu sehen, ob zum Beispiel die Angersen, Kartoffeln gehackt, gehäufelt, ob Klee gemäht, Dinkel oder Gerste gejätet, Dung geführt werden könne, und der Abend ging mit dem Füttern der Kühe und Stiere auf. Daß diese abgerackerten Menschen feurige Liebhaber gewesen seien, hat man kaum gehört; sie waren schon hoch in den Dreißigen, da sie, natürlich auch aus ökonomischen Gründen, um zur Besorgung des Haushalts eine billige Magd zu bekommen, endlich heirateten und sehr solide Hausväter abgaben.

Wenn dann bei strenger Kälte oder tiefem Schnee die Arbeit im Steinbruch stillstand, das Dreschen zu Ende war, dann nahmen sie den Schlitten und holten Dornbüschele. Alle Dorngehege räumten sie ab und ersparten so das Holz. Zu Hause konnten sie nicht bleiben, ihr Arbeitstrieb ließ es nicht zu. Sie konnten nur mit gutem Gewissen fromm und sicher schlafen, wenn sie ein von der Tagesarbeit verschwitztes, nasses Hemd auf dem Leibe fühlten. — Ich muß hier einschalten, daß manches, was ich hier erzähle, in die fünfziger und sechziger Jahre zurückreicht. — Ihr einziger Luxus war eine warme Stube, und mit dem Holz sparten sie nicht. Hatten sie doch sämtliche Räume ihres Anwesens voll von Dornbüschelen, sowie von Stumpenholz. Damit ihnen ja nicht einmal die Arbeit ausgehe, und um billiges Holz zu bekommen, kauften sie bei den Holzverkäufen Stumpen, die sie um wenige Kreuzer bekamen und die wegen der großen Mühe des Ausgrabens sonst niemand wollte. Denn die Arbeit selbst rechneten sie nicht.

Den Winter über hatten sie einen Vorsitz — ein schwäbisches Wort, was man in anderen Gegenden Spinnstube, Kunkelstube heißt. Da war nun des Nachts die ganze Stube gesteckt voll mit Mädchen, die Flachs oder Hanf, andere, die Hecheln hatten und Abwerg spannen. Das stäubte so furchtbar, daß alles in einem dicken, fast greifbaren Nebel zu schwimmen schien; dazu kam noch der Ölrauch der großen Ampel, die auf dem Tische stand, die Gluthitze des Ofens, daß es geradezu wimmelte. Dann war ihnen wohl, und die harten Mienen bekamen einen milderen, fast wohlwollenden Ausdruck. Da saßen dann die drei Schwestern, 's Annemeile, Kathrine und Luise, zwei Töchter des Braitmaiers, eine Tochter des Röckle und die Magd des Gayde, die an Hecheln Garn zu Sackzwillich spann. Auch von des Müllers ward meist Abwerg versponnen. Und je dichter der Staub aufqualmte, um so behaglicher dehnten sich die Buben auf der Ofenbank, und immer wieder ging einer hinaus, um ein Dornbüschele nachzuschieben. Im hinteren Raum der Stube waren die Betten, in die man sich legte, als nahe an Mitternacht die Vorsitzmädchen aufbrachen. In dieser verpesteten Luft schlief nun die ganze achtköpfige Familie, zählebig wie Marder, und ohne daß einem nur eine Stunde etwas gefehlt hätte. Zwei von ihnen sind als hohe Siebziger gestorben, die anderen haben begründete Aussicht, Achtziger zu werden.

Der Röckle

Der schon mehrfach erwähnte Röckle bewohnte mit seiner alten Mutter und jüngeren Schwester Jakobine, genannt Bienle, einer wahren Waldkatze, eine Stube und Kammer über uns. Ein kleines Männle, doch unerschöpflich an Witz. Schade: Sein Humor, in weiteren Kreisen, etwa auf der Bühne angebracht, hätte ihm einen berühmten Namen eingebracht; so kam er nur der kleinen Umgebung zugute. Es war Ende der fünfziger bis Mitte der sechziger Jahre, als hier in Warmbronn, angesichts der billigen Arbeitskräfte, zahlreiche Steindruckereien, nebenbei Kolorieranstalten, entstanden. Wie Pilze schossen sie aus dem Boden. Gottlob, nun war doch einmal eine Verdienstgelegenheit da, denn namentlich von dem nur drei Stunden entfernten Stuttgart kam Bestellung über Bestellung. So hatte auch unser Röckle eine solche

Anstalt, wobei er beständig drei oder vier Lehrbuben beschäftigte. Die kosteten nicht viel, und es bedurfte nur wenige Wochen, um sie einzulernen. Nebenbei trillte er sie für Ulk und allerhand Schelmenstreiche. Zum Beispiel: Es war ein etwas konfuser Mann hier, von Beruf Wagner, und man hieß ihn den Wägnerotter. Der hatte die absonderliche Schrulle, daß er das Pfeifen nicht leiden konnte, sondern, sobald er einen Pfiff hörte, in die unbändigste Wut geriet. Hier war nun Gelegenheit geboten, einen richtigen Ulk anzubringen. Wenn der Wägnerotter, der ein himmellanger Kerl war, sich in der Schmiede vorn am Hof oder in der Feierstunde des Mittags und Abends auf der Straße sehen ließ, da ging plötzlich ein Pfeifen los. Das hielt der Wägnerotter nicht aus, und polternd und fluchend raste er den Buben nach. Da nun der hintere Teil des Hofes durch ein ziemlich niederes Törlein abgeschlossen war, flüchteten die Buben sich dort hinaus und entwischten, während er, in blindwütiger Gier, sie zu erhaschen, mit der Stirn an den dem Törlein vorgelegten Balken anrannte. Diesen Moment hatte der Röckle oben am Fenster abgewartet und kam nun herunter: „Um Gottes willen! Ihr blutet ja schrecklich! Was hat's gegeben, daß Ihr Euch also gestoßen habt?"

Der Wägnerotter brach unter greulichen Flüchen los, daß seine, das heißt des Röckles, Buben es gewesen seien, die ihn ausgepfiffen hätten. „Diese Lausbuben schlage ich noch tot."

„Beruhigt Euch nur; doch so, wie Ihr ausseht, so mit Blut überschmiert, kann ich Euch nicht gehen lassen!" Dann rief er zu den Fenstern hinauf: „Bringt eine volle Waschschüssel und einen Schwamm!" Einer der Buben brachte das Verlangte, und ein anderer drückte sich, als ob er zum Geschäft ginge, hinter den beiden herum. Der Röckle wischte und tupfte, wischte und tupfte wieder. „Ruhig, daß ich's abwischen kann! Ihr blutet so schrecklich; wird Euch doch nichts getan haben, da Ihr der einzige richtige Wagner hier seid. Das wäre ja ein unbezahlbarer Verlust für die ganze Gemeinde. Haltet noch eine Weile, Ihr blutet immer noch!" Mit solchen und ähnlichen Reden wischte und pinselte er fort, und der Wägnerotter hatte nicht gemerkt, daß er ihn angemalt hatte. Knallrot, indigoblau und dazwischen schön gelb, daß er aussah wie ein Indianer auf dem Kriegspfad. So ließ er ihn ziehen, nachdem er ihm noch die Hand darauf gegeben, daß er die, so ihn ausgepfiffen, heute noch totschlagen wolle.

Ein anderer Ulk war der: Wöchentlich zweimal auf dem Gang nach Stuttgart kam der Schmalzkarle hier durch mit Eiern und Butter, Gänsen, Enten und Hühnern; er hatte alles beieinander in einer großmächtigen Zaine, die er wie ein Weib auf dem Kopf trug. Er war aus Malmsheim, anderthalb Stunden von Warmbronn, und pflegte stets auf der Sitzbank unserem Hause gegenüber seine Zaine abzustellen und auszuruhen. Doch kaum sah ihn der Röckle, als er schon herbeikam und sich angelegentlich erkundigte, was er dieses Mal an Geflügel in seiner Zaine habe? „Enten hab' ich, drei schöne Enten, legen großmächtige Eier. Willst sie kaufen?"

„Wohl, doch noch lieber gegen Hühner umtauschen." Das sagte er, um den Schmalzkarle in seinen Viehstall, der zugleich Hühnerstall war, hineinzulocken. Röckle zeigte ihm nun die Hühner und erzählte, wieviel Eier sie schon gelegt hätten, während der Schmalzkarle dagegen seine Enten rühmte; so feilschten sie miteinander und konnten sich über das Draufgeld absolut nicht einigen, und der Karle merkte in seinem Eifer, einen guten Handel zu machen, nicht, daß die Lehrbuben des Röckle, die fürwitzig herumstanden, in die Taschen seiner schmierigen Lederhose ganz leise einige Eier gleiten ließen.

Auf einmal sagte der Röckle, indem er in ein Nest hineinsah: „Hier fehlen ja Eier. Wo sind sie hingekommen?"

„Die wird der Schmalzkarle eingeschoben haben", antwortete da sofort einer der Buben.

„Sucht ihn aus und holt den Polizeidiener", rief der Röckle, und ehe sich der Karle versah, war er emporgehoben und kreuz und quer im Kuhmist herumgewälzt.

Schimpfend und wetternd nahm er hierauf seine Zaine wieder auf, in die inzwischen die Buben einen großen Stein hineingeschmuggelt hatten, den er nach Stuttgart trug; wo erst eine mitleidige Köchin ihn davon erlöste.

Der lange Otter

Es war wohl ein Überbleibsel alter Stammesfehden, wenn es über meine Jugendzeit noch Brauch war, daß sich der Mädchen wegen hiesige Burschen mit solchen von Nachbarorten zu raufen pflegten, wobei es oft blutige Streithändel absetzte. Daß ältere Leute sich in diese Händel eingemischt hätten, kam kaum vor, nur der lange Otter machte eine Ausnahme. Er war der Ansicht, daß die Ehre der hiesigen Burschen darunter notlitte, wenn sie es ruhig geschehen ließen, daß fremde Buben, das heißt Burschen der benachbarten Ortschaften, hiesigen Mädchen nachstrichen, das heißt in den Spinnstuben, Vorsitze genannt, sie zu besuchen kamen.

Statt nun solchen Lokalpatriotismus zu würdigen, wurde er dafür verlacht; ja, die Buben verabredeten allerlei boshafte Streiche. Der gewöhnliche war der: Am Fenster seiner ebenerdigen Stube warteten sie abends so lang, bis er zu Bette gegangen war. Dann klopfte einer an die Scheiben. — „Was gibt's?" — „Da ist soeben ein ganzer Haufe Eltinger Buben hereingekommen! Draußen an der Wette stehen sie und schreien ‚Beerlesklopfer! Beerlesklopfer!' (Spitzname der Warmbronner.) Leidet Ihr das? Seid doch sonst ein rechter Mann!" — Der Hannes fuhr auf: „Weib, meine Hosen! Meine Stiefel! Meinen Rock! Meinen Stock! Himmel! Herrgott! Sackerment! Mach'! Mach' schnell!" So fuhr er auf, schlüpfte eilfertig in die Kleider und stürmte hinaus.

Draußen an der Wette, am Fußpfad, der nach Eltingen führt, empfing ihn wirklich das herausfordernde Gejohl: „Beerlesklopfer! Beerlesklopfer!" Der Hannes nicht faul, den Rufern nach, über Stock und Stein, Wiesengräben und Schneehügel, es hat damals meist strenge Winter gegeben, fallend und sich überstürzend, und immer rasch sich wieder aufraffend zur grimmigen Verfolgung. Daß bei solch toller Jagd bei Schnee und Nebel, Wiesengräben und Erdhaufen nicht Mord und Totschlag vorkam, erklärt sich einzig aus der klugen Verabredung der Burschen: So oft nämlich der Hannes einem Burschen so nahe kam, daß er ihn mit seinem Prügel hätte erreichen können, rief dieser wie in versagender Kraft: „Hannes, springet! Dort sind sie! Springet, ich kann nimmer!“ Auf diese Weise gelang es, bei Hannes die Meinung zu erwecken, als ob dieser auch zu den Verfolgern gehöre. So tobte der Hannes an ihm vorbei, weiter und weiter, bis das Getümmel sich allmählich entfernte, und er zuletzt, mutterseelenallein und nach Atem suchend, brummend und fluchend sich auf den Heimweg machte.

Später, als Hannes Mesner wurde, zeigte sich seine Pedanterie erst recht. Jede Kleinigkeit faßte er mit ängstlicher Gewissenhaftigkeit auf. So wurde er einmal mitten in der Nacht geweckt, indem einer zum Fenster hereinrief: Zu was man dem Mesner den großen Gehalt reiche, wenn er zu faul sei, nach der Uhr zu sehen. Soeben habe es Sechzehn geschlagen. Sofort stand der Hannes auf, zündete die Laterne an und stieg in den Kirchturm. Aber da war alles in Ordnung, und kopfschüttelnd begab er sich wieder nach Hause. Kaum im Bett, weckte ihn wieder die gleiche Stimme: „Das ist mir ein sauberer Mesner: Soeben hat's Fünfe geschlagen und 's ist doch erst ein Uhr.“

Er merkte nicht, daß der Schalk bei Zwölf und Eins die vier Vorschläge zugezählt hatte.

Doch einmal gelang es ihm, einen Fang zu machen: Es war da ein junger Kerl, der einen Streich gemacht hatte und eingesperrt werden sollte. Als aber der Landjäger kam, um ihn zu holen, war er nirgends zu finden. Es war um Weihnachten, ein wenig Schnee, doch nicht besonders kalt, als in dem ebenerdigen Stüblein hinter der Kirche da und dort ein Schiebfenster zurückgeschoben und der Weihnachtsbaum mit Äpfeln und Nüssen, Lebkuchen und Springerlen morgens verschwunden war. Gleichzeitig wurde beobachtet, daß aus dem Wengertshäuschen, es trägt die Jahreszahl 1602, Rauch aufstieg. Das ließ schließen, daß der nächtliche Einbrecher da sein Lager habe und höchstwahrscheinlich der vom Landjäger gesuchte Steinhilber sei. Da fand nun der Spüreifer des langen Otter sein richtiges Feld. Obschon ihn die ganze Sache nicht im mindestens anging, dünkte sie ihm geradezu Lebensaufgabe. Den Ruhm seiner Festnahme gönnte er keinem anderen. Eine ganze Woche lang ging er nimmer zu Bett, streifte ums Dorf umher, legte sich da und dort auf die Lauer, und es gelang ihm wirklich, den vermutlichen Dieb der Brezeln und Lebkuchen, den gesuchten Steinhilber, zu ertappen, als er mit einem Laib Brot unter dem Arm zur hinteren Türe seiner elterlichen Scheuer, wo er genächtigt hatte, hinaustreten wollte. Er packte ihn und ließ ihn nimmer los, bis er mit Hilfe anderer Leute dingfest gemacht und in den Ortsarrest abgeführt war, wo ihn der Landjäger holte. So zeigte sich der lange Otter als wahrhafte Schergennatur; sein Diensteifer kannte keine Grenzen. Doch das Wort: „Was der Mensch saet, das wird er ernten", erfüllte sich auch an ihm in besonders schmerzhafter Weise.

Sein einziger Sohn, der nach seiner Entlassung vom Militär in Stuttgart Polizeidiener wurde, verhaftete ihn, als er in einer Küche, in die er viele Jahre lang Kienholz brachte, bei der neuen Köchin um einen Überrest vom Mittagessen anhielt, und brachte ihn wegen Bettelei zur Polizei. In der Meinung, wegen seiner Unparteilichkeit belobt zu werden, täuschte sich der Herr Schutzmann allerdings: er bekam, wie es ihm von Rechts wegen auch gehörte, einen tüchtigen Rüffel.

Eigenbrötler und Kienleute

In meiner Jugendzeit, das ist in den vierziger und fünfziger Jahren des vorigen Jahrhunderts, waren mehrere hier; vier, fünf, sechs ledige Geschwister, die, nachdem ihre Eltern gestorben waren, beieinander blieben und einen gemeinschaftlichen Haushalt führten. — Da waren zunächst des Fritzejakobles. Das waren neun, wovon sich jedoch drei noch verheirateten. Der Fritz, ich kann ihn mir gar nicht anders vorstellen als in gelben Lederhosen im Hof stehend, oder auch den Pflug regierend auf einem Acker, nie anders als mit selbstzufriedenem Lächeln auf dem glatten Gesicht. Er als der Älteste beanspruchte und genoß auch väterliche Gewalt. Dann kam der Hannes, auf den ich später zurückzukommen gedenke, ein Philipp und ein Christian. Dann drei Schwestern: 's Meile, Luise und Christine. Auch das räudige Schaf fehlte nicht: Es war dies ein Schneider, der lange in der Schweiz gewesen, in Genf und Zürich atheistische Lehren, revolutionäre Ideen in sich aufgenommen hatte und der Milch frommer Denkart, den Anschauungen der Heimat entfremdet worden war. Wenn er einmal bei seinen Wanderfahrten auf einige Tage bei ihnen einkehrte, wurde er in ein Kämmerlein eingewiesen, das er wie ein Pestkranker nicht verlassen durfte. Zuletzt sägten sie ihm, um ihm das Wiederkommen ganz zu entleiden, die Stollen seiner Bettlade ab. Doch der Eigenartigste der Gebrüder war nicht er, sondern der zweitälteste, der Hannes. — In ihm war die Pedanterie des Geschlechts zum vollsten Ausdruck gekommen. Sein Treiben wurde zum Sprichwort. Jede Arbeit, die ein wenig vonstatten ging, war bei ihm „verhudelt“. Er war ein entsetzlicher „Kümmich“, wie solche Wunderliche hier genannt werden. Waren Angersen, Rüben, Kartoffeln zu felgen oder zu häufeln, so schickte er seine Geschwister fort, weil sie ihm nicht pünktlich, das heißt nach seiner Meinung zuviel arbeiteten. Drei Reihen die Person, in einem langen Sommernachmittag, war schon zuviel für richtige Arbeit. Jede Scholle mußte genau so daliegen wie die andere, obschon der nächste Regen es nicht mehr erkennen ließ. Auch das Mähen des Klees

ging ihm zu schnell; es war eben gehudelt, und er haderte fortwährend, daß man statt der Sense die Sichel nehmen und den Klee abgrasen solle. Auch mit dem Pflügen ging es ihm zu rasch, und er fing an, mit der Schaufel das Feld umzugraben. So war es natürlich, daß er in allem im Rückstand blieb, und sonderbar: die Nachbarn, die gehudelt hatten, ernteten mehr als er. Die so schlecht bearbeiteten Felder trugen mehr als die nach seiner Methode betriebenen.

Das Reinigen des Getreides mit der sogenannten Putzmühle ging ihm ebenfalls viel zu rasch. Diese Hudlerei konnte er nicht mitansehen. Das Getreide warf er nun bei passendem Wind in die Tenne, siebte und siebte wieder, warf es nochmals und siebte wieder, bückte sich, bückte sich, bis er zuletzt, ganz kreuzlahm, nimmer konnte und Feierabend machen mußte. Doch das allerumständlichste für ihn war das Kleesamendreschen. Das dauerte in den Mai hinein. Wenn im ganzen Dorf das Dreschen längst beendet war, hörte es da nicht auf. Mutterseelenallein, denn niemand konnte es ihm recht machen. Und vollends das Reinigen desselben, das Putzen! Hier trieb er seine Pedanterie auf die Spitze: Da konnte er wochenlang sieben, abheben und unter den Wind nehmen. Eine Putzmühle (Putzmaschine) war ihm geradezu ein Greuel. Doch dies beständige Bücken hatte für ihn die Folge, daß er sich nicht mehr ganz aufrichten konnte und so immer gebückt daherkam.

Bei den Feldarbeiten kehrte er sich streng nach dem auf- oder abnehmenden Mond, ebenso nach den Zeichen des Tierkreises. Jede Aussaat mußte unter besonderen Zeichen vorgenommen werden. Der Flachs mußte am Georgitag gesät werden, Erbsen, Linsen, Wicken je an dem einem gewissen Heiligen bestimmten Tage. Erstere zwei bei abnehmendem Mond und, damit sie gut kochen sollen, im Zeichen des Wassermannes.

Noch ein anderer Eigenbrötler war hier, und zwar der Schmidle. Alljährlich und noch in seinem sechzigsten Lebensjahr ging er auf die Wanderschaft mit der Begründung: „Damit er sein Handwerk vollends lerne." Desungeachtet brachte er's lebenslang nicht zum Meister. Er war Junggeselle und fristete sein elendes Dasein in einem Dachstüblein bei dem früher schon erwähnten Steinhilber. Seine Genügsamkeit ging über die menschliche Grenze hinaus und verirrte sich ins Dumme. Er war, obschon er's hätte besser haben können, mit allem zufrieden, arbeitete ums Essen und drosch über den ganzen Winter barfuß in den Stiefeln bei geringer Kost. Dem Metzger Lipß, dem reichsten Mann hier, half er den ganzen Winter, bei Suppe und Erdbirnen, seine volle Scheuer ausdreschen. Bei großer Verdrossenheit pflegte er zu äußern: „Werdet schon sehen: bis um halb Drei werd' ich krank werden.",

Weiter war ein Geschwisterpaar hier, das noch weit eher als unser Schmidle zu den Eigenbrötlern gezählt werden konnte. Das waren des Husärles, der krumme Hansjörg mit seiner Schwester, dem Annakätherle. Ihr einziges Geschäft jahraus jahrein war, Kienholz kleinzuspalten, zusammenzubinden, nach Stuttgart zu tragen, um es dort — sie hatten ihre eigenen Häuser — den Köchinnen zum Anzünden des anderen Holzes zu verkaufen. Es waren dazumal wohl achtzehn Familien hier, die sich damit abgaben. Und die Notiz in der Beschreibung des Oberamts Leonberg vom Jahr 1850, die ich vor mir liegen habe, und wo es von Warmbronn heißt: „Es ist ein armer Ort, und seine Bewohner nähren sich größtenteils vom

Handel mit Kien, Wacholderholz und Wacholderbeeren, wovon auch der Unname der Warmbronner: ‚Beerlesklopfer' herrührt", war für selbige Zeit vollkommen zutreffend.

Jede Familie hatte in Stuttgart ihre eigenen Häuser, in die Großvater oder Großmutter schon gekommen waren, und so, fast möchte man sagen, sich erbrechtlich eingesessen hatten. Auch führten sie Wacholderholz, doch das zum Räuchern. Besonders geschätzt und begehrt rings im Lande war jedoch der aus den Beeren gepreßte und eingedickte Saft seiner harzigen und aromatischen Bestandteile halber als Heilmittel, sowie auch seines Wohlgeschmacks halber das Wacholdergesälz. Fast jegliche Familie hatte hiefür eine eigene Presse.

Eine weitere Eigenbrötlerfamilie waren „des Bräunings". Drei Gebrüder, Hannes, Jakob und Daniel, und 's Kätherle. Des Daniels erinnere ich mich noch als Orgeltreter. Kienholz klein spalten und in kleine Büschele zusammenbinden, war wintersüber ihre ausschließliche Beschäftigung. Dienstags und Samstags kam der Gang nach Stuttgart. Morgens fünf Uhr gingen sie vom

Hause fort, und unterwegs, meist auf der Steige, trafen die verschiedenen Partien zusammen. Am Frauenkreuz, eine Stunde von hier — der ganze Weg betrug drei Stunden — wurde gerastet; da stellten die Männer ihre Kreben, die Weiber ihre Zainen auf einem Wegrain ab. Die nächste Station war der Schatten, eine an der Calw-Stuttgarter Straße gelegene Wirtschaft, die dritte Station das Sophienbrünnele am Hasenberg. Noch ein wenig hinauf und dann hinab. Drunten lag die noch fast ländliche Stadt. Das Calwer Tor, heute im Mittelpunkt, war in den vierziger Jahren Außenstation. Die Infanteriekaserne der Rotebühlstraße stand noch nicht, und über dem Feuersee stand nur ein vereinzeltes Haus, Wein- und Mostwirtschaft von Kayser. Bei Bäcker Pressel am Calwer Tor stellten die Warmbronner ab; hier nahm der Eliasle, sobald er seinen Kien abgegeben hatte, etwaige Briefe, Schachteln, Pakete, die an hiesige Adressen lauteten, in Empfang. Noch heute, sechzig Jahre nachher, kann ich mich erinnern, wie ich am Heiligen Abend so sehnsüchtig harrte, bis der Eliasle, ein kleines Männle, in die Stube trat und eine neben der Adresse mit dem Vermerk: „Abzugeben bei Bäcker Pressel, Calwer Tor, Stuttgart" bezeichnete Schachtel abgab. Sie enthielt das

Christgeschenk von meinem 1878 gestorbenen Onkel, Bruders meiner Mutter, des Christian Weeber, Musikdirektor am damals neugegründeten Seminar Nürtingen. Was mich von ihrem Inhalt weit mehr als Springerle, Lebkuchen, selbst Spielsachen freute, war ein Büchlein von Christoph Schmid, mit den allerliebsten Kindererzählungen, wie: Der Weihnachtsabend, Die Ostereier, Heinrich von Eichenfels, Rosa von Tannenburg, Eustachius, Der gute Fridolin und der böse Dieterich und andere.

Damals bestand noch der Botenverkehr. Bei Bäcker Pressel am Calwer Tor war eine solche Niederlage. Hier gab zum Beispiel der Nürtinger Bote die nach Warmbronn aufgegebenen Briefe, Schachteln und dergleichen ab. Jedweder auswärtige Fremde vom Land, der schon stundenlang durch tiefen Schnee sich hergewatet hatte, konnte sich hier wärmen, denn hier traf man stets eine warme Stube. Da gab es schon in aller Herrgottsfrühe neugebackene Wecken und Brezeln; als Getränk Stuttgarter Wein, selbstgezogenes, eigenes Gewächs, den Schoppen um einen Batzen, das heißt vier Kreuzer. Jeder Stuttgarter Wirt war dazumal Weingärtner, das heißt Weinbergbesitzer.

Es ist seither in Stuttgart nie mehr so gemütlich geworden.

Ein weiteres hiesiges Original dieser fünfziger und sechziger Jahre war der Besenheiner, der einen Besenhandel trieb und ab und zu auch in Stuttgart hausierte, obschon es verboten war. Der Reutlinger oder Stuttgarter Landeskalender brachte dazumal ein gelungenes Konterfei des Heiner, wie er, vom Hasenberg herabkommend, mit unnachahmlicher Gravität und mit Selbstbewußtsein im Angesicht der Stadt bei den drei Pappeln — sie sind längst weg — regelmäßig seinen Pack ablegte, sich in Positur stellte und mit weithin hallender Stimme in die Stadt hinabbrüllte: „Stuegert, host Geld? D' War' ist do!"

Fräulein Marie

Weitaus die idealste Gestalt, die in die armselige Welt des dürftigen Fortkommens dazumal hereinreichte, war ein Fräulein Marie Baum, genannt „die Fräulein Marie". Einer unglücklichen Liebe halber — Näheres hat man nicht erfahren können — kam sie von Calw, wo sie einer reichen, vornehmen Familie angehörte, in das abgeschiedene Dorf. Wohl auch aus diesem Grunde und um durch Arbeit schmerzende Gedanken vom Brennpunkt des Empfindens abzulenken, kaufte sie das damals dem Verkauf ausgesetzte feile Wittumgut, hielt Knechte und Mägde und bewirtschaftete es, wie's bei ihrer Unkenntnis und Unerfahrenheit sowie mit fremden Leuten eben möglich war.

Sie präsentierte gleichsam die Patronatsherrschaft: Ihre Wohltätigkeit kannte keine Grenzen, ihre Hilfsbereitschaft fragte weder nach Zeit noch

Opfern. Jedes Brautpaar wurde reich beschenkt. Am Christtag ging kaum eines leer aus. Ebenso bei der Konfirmation. Sämtlichen Wöchnerinnen wurde gekocht, ebenso den Kranken. War's Wunder, wenn sie allgemeine Verehrung genoß, sie verdiente sie auch im reichsten Maße. — Häufig, ja sehr häufig kamen vornehme Besuche hieher; man sah adelige Kutschen mit Wappenzeichen, kostbare Livreen und reichgalonierte Lakaien. Es warf dieses einen Nimbus über das ganze Dorf. Auch ein weibliches Mäzenatentum fand seine Stätte. Freilich war niemand da, der dessen würdig gewesen wäre, doch jedes, das für Literatur Sinn hatte, gerne las usw., hatte sich ihrer Aufmerksamkeit zu erfreuen.

So war hier eine ältere Frau, gemeinhin „Becke" geheißen, weil ihr Mann Bäcker gewesen war; nun hatte sie einen kleinen Kramladen. In dieser Frau fand Fräulein Marie eine ihr fast ebenbürtige Gesellschafterin. Überhaupt war in den vierziger und fünfziger Jahren der Sinn für Literatur, namentlich auch Poesie, viel reicher vorhanden wie gegenwärtig, wo der Bauer über dem Preise des Fleisches und der Milch hinaus kaum noch für etwas Höheres Interesse hat.

Dienstboten, die heirateten — anders gingen sie nicht —, beschenkte sie reich. Dem Büblein ihres Gretle wurde sie Patin, zog es auf und ließ es nach der Konfirmation in einem besseren Geschäft ausbilden. Auch hatte sie für die arme Schneidersfrau „Blumhardte" sowie für den Hillerhannesle, der jedoch gar nicht arm war, stets offenen Tisch.

Schade, schade, daß — wie es ja nicht anders denkbar war — das Vermögen zurückging; die Bewirtschaftung des Wittumgutes, das nur Einbuße für sie brachte, war schon früher von ihr aufgegeben, ehe der Tod sie erlöste. Sie hatte nicht verdient, in ihren alten Tagen noch Not und Armut zu kosten. Soviel man in Erfahrung brachte, lebte sie in den letzten Jahren nur von der Unterstützung der Ihrigen.

Ehre ihrem Andenken!

Der Herr Weiland

Der Herr Weiland ist hier! — Komme soeben vom Unterdorf, habe ihn über die Wiesen an der Wette, bei meinem Vetter, dem Schulzen, eintreten sehen! — Sie sitzen am Tisch und beraten über den heurigen Preis. Der Thomesle ist auch schon drin. — Will sehen, was dabei herauskommt!" — Das war der Sonntagsgruß, den der Basche, genannt „'s Schneiderhannese Christian", ein Nachbar von uns, durchs offene Fenster in unsere ebenerdige Stube hereinrief. Und es schien wahr zu sein, denn des Schmids Hanne, die Hausfrau der vorderen Stube, wußte es auch schon. Ein Nachbar rief es dem anderen zu. Es war, als ob's schon ausgeschellt worden wäre. — Und in der Tat hatte die Ankunft des Herrn Tuchfabrikanten Weiland aus Sankt Lambrecht in der Rheinpfalz als langjähriger Käufer und Abnehmer der hier in dem hiefür geeigneten mageren Kies- und Mergelboden in

Masse gebauten Weberkarden, botanisch *Dipsacus fullonam*, eine von Jahr zu Jahr sich steigernde Bedeutung gewonnen. Die wenigen, sozusagen privilegierten Familien der Enz, Rexer und Wagner, wozu auch mein Vater gehörte, die die Weberkarden zuerst bauten, machten ein großes Geheimnis darum. Damals war auch der Verbrauch noch klein, und nur einige Calwer Tuchscherer, die Schill und Wagner, Ade, Scheuerle, Kohler, waren kleine Abnehmer. So konnte diese Geheimhaltung einigen Wert haben, aber nun, wo das große Geschäftshaus mit seinem Millionenverbrauch über das kleine Dorf hereingestürzt kam, da half kein Vertuschen mehr. Bis auf den ärmsten Taglöhner herab, der nur ein Äckerlein besaß, pflanzte alles Rauhkarden. Überall, wo es halbwegs angängig war, gerade in den magersten Böden gediehen sie am besten. Die Güterpreise schnellten um das Doppelte in die Höhe, die Goldstücke rugelten nur so zur Türe herein, und die Scheine flogen nur so über die Gasse. Aber es kostete Mühe, bis es soweit war: Die Rauhkarde, auch Kardendistel, ist eine zweijährige Pflanze, die als Zwischengewächs meist in Kartoffeln gesät wird. Die kleinen Pflänzchen müssen sorgfältig gejätet und behackt werden. Das Jahr darauf haben sie den Boden allein und treiben nun mannshohe Stengel, an denen die Karden herauswachsen, die im Juli und August, also gerade um die Erntezeit, zur Blüte kommen und die schönsten Schmetterlinge, vornehmlich den Schwalbenschwanz und das Pfauenauge, in Menge anlocken. — Sofort nach dem Verblühen, denn sie sollen grün bleiben, was ein tägliches Begehen des Ackers notwendig macht, werden sie mit Hapen (krummen Messern) abgeschnitten, in eine Zaine geworfen, um sodann zum Zweck des Trocknens auf einem luftigen Boden ausgebreitet zu werden. Aber die luftigen Böden, die meist nur in ein paar engen Dach- oder Bühnekammern bestanden, waren schon in kurzer Zeit überfüllt, und wohl oder übel blieb kein anderes Mittel, als sie an Fäden, je hundert Stück, mit Nadeln aufzufassen und an den Dachsparren aufzuhängen. Das war nun eine schwierige, zeitkostende Arbeit, zumal in der Erntezeit, so daß viele Bauersleute, die sich den langen Tag mit Schneiden, Binden, Garbenführen abgearbeitet hatten, ihrer Nachtruhe verlustig gingen, weil sie zu Hause einen Haufen Karden vorfanden, die noch angehängt werden mußten. Ein Regentag zwischenhinein kam da sehr zustatten.

Da war es nun in der Tat ein Ereignis, was der heutige Sonntag brachte. Zunächst und zuvörderst die Festsetzung des Preises für tausend Stück, die einzige Verkaufsweise. Vor der Münzeinigung, das heißt vor den siebziger Jahren, war der Preis zwei bis drei Gulden, später bis sechs Mark. Der Vormittag ging vorüber; da und dort ordnete einer an seinen Karden, las die geringen weg und legte schöne an ihre Stelle oben auf die Haufen, damit sie was gleich sehen sollen, wenn der Herr Weiland zur Besichtigung komme.

Doch erst eine Stunde nach dem Mittagessen, so um zwei Uhr, ging's los. Der Herr Schultheiß, jedoch nicht als amtlicher Schultheiß, sondern einzig als einer der ersten und ältesten der Kardenproduzenten, dann die beiden Enz, die beiden Rexer usw. bildeten die Übernahmskommission. Mit Herrn Weiland voran ging's, im Unterdorf beginnend, von Haus zu Haus, von Bühne zu Bühne, oft auf den halsbrechendsten Stiegen. Endlich war's aus, die Musterung zu Ende, und alles zog sich nun in die Wirtschaft zum Grünen Baum, wo der Verkauf perfekt gemacht werden sollte. Hier in der großen Stube kam es nun nach langem Hin- und Widerreden, Feilschen, Markten endlich zur

Einigung über den Preis für tausend Stück, wobei die obengenannten zwei Enz, die beiden Rexer, ein Ramseyer die Wortführer waren. Die anderen verhielten sich meist schweigend hinter ihren Gläsern. Doch trotz dem langen Markten der Vorhingenannten konnte man am Schlusse merken, daß der vereinbarte Preis vorher schon, wohl in geheimer Sitzung, ausgemacht worden war. Nun gab's kein Halten mehr; Mann an Mann drängte sich herzu, um sich einschreiben zu lassen, und ein anhaltender Suff mit spätem Sitzenbleiben und wüstem Gröhlen beschloß die wichtige Handlung. Solch bedeutende Tage fielen durchgängig auf einen der Sonntage um Bartholomäus, so Ende des August. Da war das Korn in der Scheuer, zum großen Teil auch das Öhmd, und da meist auch heiteres Wetter herrschte, war's die richtige Zeit zum Kardenfassen. Zwei oder drei alte Fuhrleute, voran der einäugige alte Stoffele, hatten das Fortführen übernommen. Da wurden nun große Leiterwagen aufgestellt, worein die Karden geschüttet, geschichtet und haushoch aufgetürmt wurden. Last war's keine, denn alles war pulverdürr, aber überall ein Hängenbleiben und ein Gesperr, als ob lauter Kletten zu laden wären. Doch keine Hetze dabei, Aufladen in Kompanie, jeder der Beteiligten gab eine Person dazu. Abends wurden sodann, ebenfalls im „Grünen Baum", die Karden ausbezahlt und bis in die späte Nacht hinein gezecht. — Ich kann mich seitdem keiner so vergnügten Zeit mehr erinnern.

Der „Zuderhänder und Vonderhänder“

Es war in den fünfziger und sechziger Jahren des verflossenen Jahrhunderts, als der geringe Marktflecken Schönaich im Schönbuch den Ruhm einer Hochschule der Wiederkäuer erlangte; paarweise, je nach der Landsmannschaft zusammengestellt, gelbrote Hällische, gescheckte Simmentaler, graue Algäuer und schwarzweiße Holländer, trieben sie die Bauern des Strohgäus hinunter ins warme Unterland. In allen Wirtshausställen waren sie zu treffen, und man konnte, wohin man auch kommen mochte, kaum eine Unterhaltung finden, die nicht ein neugekauftes Paar Stiere zum Gegenstand hatte. Mit Lichtmeß begann das Semester und dauerte zunächst bis Georgii. In Schönaich selbst, der Zentrale, kostete das Paar stets ein oder zwei Karolin mehr. Die anderen Ortschaften des Bezirks nahmen eine mehr untergeordnete

Stellung in der Sache ein. Sie waren gleichsam die niederen Seminare, wie zum Beispiel Nufringen, Holzgerlingen, Ehningen, Maichingen und Darmsheim. Hier kostete das Pärlein stets ein paar Kronentaler weniger als in Schönaich selbst, und weiter entfernt waren sie dementsprechend noch billiger.

Da war nun der Hofmaiermichele, als aus dem neutralen Schafhausen stammend, ein sachkundiger und unparteiischer Schiedsmann. Sowie ein neues Pärlein hieher kam, mußte er eine Prüfung mit ihm vornehmen. Seine Unterrichtsmethode war eine praktisch sichere. Er brachte es fertig, rückständige Zöglinge mit einfachem „Hist! Hott! Hauff!" und mit einiger Zuhilfenahme der Geißel im kurzen Semester von Lichtmeß bis Georgii vollständig nachzuschulen. Allerdings war sein Unterricht etwas laut, denn sein „Hist" und „Hott" hörte man über die ganze Markung.

Er hatte zwei Buben, damals vier und fünf Jahre alt, als er einmal mit einem roh zugehauenen Holzblöckchen zu meinem Vater kam, der Schreiner war, und ihn ersuchte, ein Ganzjoch daraus zu machen.

„Das ist zu klein, das reicht nicht", sagte mein Vater.

„Freilich reicht's, Gottlieb. Ich habe ein paar Katzen, an denen sollen meine Buben das Stierangewöhnen lernen."

„Da würden mich die Tierlein dauern", sagte mein Vater. „Schäme dich, Michele!"

„So mache ich sie selbst", meinte er kurz entschlossen und ging fort.

Das war die Zeit, in der man an den Sonntagsnachmittagen, statt wie gegenwärtig ins Wirtshaus zu sitzen und schales, abgestandenes Bier zu trinken, auf des Tobiesen Staffel Platz nahm. Hier, an der Kreuzung der Ortsstraße, sah man alles, was im Ort vorging. Doch waren auch hier die Stiere im Vordergrund des Interesses. Da wurde über Sauberkeit, wohlfeilen Einkauf, Brauchbarkeit, Rassereinheit derselben verhandelt, und hin und wieder flog einer der Männer oder Buben die Staffel herab, wenn er vorlaut die allzu langen Hörner oder den zu leeren Bug vom Vonderhänder oder Zuderhänder von des Adams oder des Hansjörgs Stieren getadelt hatte. Denn persönlicher Schimpf war gering gegen solchen Unglimpf. Das war gekränkte Ehre und konnte nur mit einem kräftigen Fußtritte geahndet werden.

Allgemach kamen auch die Honoratioren die Dorfgasse herauf, um in die des Tobiesen Staffel gegenüberliegende Wirtschaft zum grünen Baum zu gehen und einen Schoppen Wein um sechs Kreuzer zu trinken. Da kam der Schneiderhannes, der Schneideradam, der Spielmannsjakob und der alte Pflüger. Alle sonntäglich in schwarzen Lederhosen, Tuchwams und Samtkappe. Der Wirt zum „Grünen Baum", er hieß Leonhardt, war ein lustiger Kamerad und heller Kopf, von Sindelfingen gebürtig. Er machte sich den Spaß, mit diesen Bauern Ulk zu treiben. Als er fragte: „Wißt ihr das Neueste", und sie mit „Nein" antworteten, langte er nach dem „Schwäbischen Merkur", den er regelmäßig las, stellte sich, als ob er hieraus vorlese, und oh: entsetzliche Schauertaten und Münchhausiaden tischte er ihnen auf. Zuletzt sagte er, um jeden etwaigen Zweifel an der Wahrheit des Vorgelesenen im Keime zu ersticken: „Da steht's! Leset selbst." Er hatte es gut sagen, denn er wußte wohl, daß es nicht soweit kam. Da suchte dann der und jener in Wams oder Westentasche nach seiner Brille, rieb sie, um sie hell zu machen, am Wamsärmel ab, und hielt die Zeitung verkehrt und, soweit der Arm reichte, von sich ab. Wischte wieder und wieder und schämte sich zuletzt, einzugestehen, daß er es nicht gefunden habe. Die erzählten Schauertaten machten nun nächsten Tags die Runde und wurden wörtlich geglaubt. Eins unterschied diese Gesellschaft der Tobiesenstaffel vorteilhaft von unserer Zeit, nämlich, daß beim Vorübergehen der Bevorzugten, die es sich erlauben konnten, ein Glas Wein um sechs Kreuzer zu trinken, keine mißgünstige Äußerung hörbar wurde.

Unter den Stammgästen der Tobiesenstaffel befand sich auch der alte Meidele, ein Kübler, der gerne politisierte, fortwährend für Frankreich schwärmte und die Aufrichtung eines neuen Napoleonreiches prophezeite. Dieses ist mit dem Kaisertum Napoleons III. in der Tat eingetroffen. Weniger Glück hatte er als Wetterprophet. Als der November einmal so schön sich anließ, wettete er, sämtlichen Schnee dieses Winters in Butten wegtragen zu wollen. Allein da ward er zuschanden und wurde schrecklich verlacht, als man immer und immer wieder mit dem Bahnschlitten die Straßen gangbar zu machen hatte.

Da war der Hafner von Magstadt, der sich auch gern als Wetterprophet aufspielte, in seinen Behauptungen vorsichtiger, als er im dortigen Pfarrhaus einstmals den Ofen reinigte. Es war ein schwüler Vormittag im Juni, und der Herr Pfarrer sagte: „Meister Hafner! Ich glaube, daß wir heuer einen heißen, trockenen Sommer bekommen." — „Das glaube ich auch, Herr Pfarrer", sagte der Hafner. — Über Mittag jedoch zog ein Gewitter auf, und es regnete den ganzen Nachmittag in Strömen. Abend sagte dann der Pfarrer: „Meister Hafner! Ich glaube, daß wir heuer einen nassen, regnerischen Sommer bekommen!" — „Ich glaub' es auch, Herr Pfarrer!" erwiderte hierauf der Hafner.

Georg Schwarz

SILVANUS

Auf antiken Vasen sieht man ihn, den bäuerlich anmutigen Waldgott, Weisheitssprüche, Lieder und Scherze auf seinen Lippen: Silvanus.

Die Griechen glaubten an ihn und nahmen ihn wahr, wenn sie über die weißen Mauern ihrer Städte hinausgingen. Sänger mit der Lyra haben ihn besungen. Soldaten haben seine Nähe verspürt, wenn sie Rast unter den Föhren machten und ihre Helme mit dem roten Busch ins Gras warfen. Erwachten sie, so hatte ihnen Silvanus reife Beeren in den Helm gelegt.

Gelehrte fragen sich, ob es ihn wirklich gegeben hat. In meiner Jugend bin ich ihm begegnet. Es war gegen Ende des ersten großen Krieges. Die Bauern haben damals ihr Brot noch im Backhaus des Dorfes gebacken. Ich kam auf Waldschneisen viele Stunden des Weges gelaufen und hatte keinen anderen Wunsch, als unterwegs zu sein, frei und ohne Schulsack.

Die Gegend, durch die ich lief, hatte keine asphaltierten Straßen. Der Grasboden wiegte mich auf Holzabfuhrwegen einem unbestimmten Ziel entgegen, und wenn mir ein Wanderer begegnete, dann blieben wir in gemessenem Abstand voneinander stehen, begrüßten uns mit dem Gruß der Einheimischen, sagten ein Wort über das Wetter und gingen aneinander vorbei. Auf einem dieser Wege war es, daß ich nur wenige Schritte von meinem Pfad entfernt ein Geräusch wie von fallendem Kies hörte. Ich machte ein paar Sprünge über niedriges Brombeergesträuch und stand am Rand einer Grube, in der sich ein kleiner, wenn auch kräftiger Mann von unbestimmten Alter mühte, aus der Tiefe, in die er geraten war, emporzukommen. Ich stellte mich an den Rand des Trichters und half ihm mit der Hand, dem bröckelnden Geröll zu entkommen. Als er neben mir einen festen Stand hatte, hielt er als Siegeszeichen eine blaßrosa Pechnelke in der Hand, die er dort unten, wo es ein wenig feucht war, gefunden hatte.

Das Gewächs war selten in der sommerlich trokkenen Erde dieser Gegend, deshalb hatte er es begehrt und mit den Wurzeln ausgegraben. Es war ein fleischiges, rötliches, fast anisfarbenes Gewächs.

Der Mann bewunderte es und sagte, er habe jahrelang danach gesucht. Unterhalb der Blüten, die fleischrot waren, erschien der fette Stengel klebrig und verbreitete einen pilzigen Geruch.

Der Mann aber von der Größe eines kräftigen Knaben war viel verwunderlicher als die Pflanze. Er sah aus wie ein Waldgeist, ein wissender Gnom, und da er sich anschickte, mit mir denselben Weg in das nächste Dorf zu gehen, kam es zu einer merkwürdigen Unterhaltung.

Die Pechnelke vor sich hinhaltend und sie immerfort bewundernd, auch an ihr schmeckend, erschien er mir wie ein Fackelträger, der aus dem Inneren der Erde kam.

„Gewächse wie diese", sagte er, und seine kleinen, scharfblickenden Augen blitzten, „sind Gedanken der Mutter Erde, auf deren Haut wir leben. Blumengedanken, Auferstehungen aus der Unterwelt, durch die auch Christus geschritten ist, ehe er aufschwebte und der strahlende Gott wurde, den wir verehren."

Ich hatte schon mancherlei Prediger erlebt, doch wenn dies kein Mensch des Altertums im Kittel eines heutigen Bauern war, ein Pythagoräer mit den großen Gedanken von Alleinheit und Seelenwanderung, dann hätte es mich wundern müssen. Er sprach einen seltsamen Monolog, halb platonisch und halb bauernwitzig, lustig sogar und verspielt, so daß ich oft lachen mußte, in welche Heiterkeit er miteinstimmte.

Von seinem Tun und Treiben verriet er nichts, nur einmal sprach er Verse, die mich an Goethe erinnerten. Vom Wiederfinden war da die Rede, von einem Wiederfinden im Ganzen der Welt, und da ich ihn für einen gutartigen Sektengründer hielt, pflichtete ich ihm bei, denn ich wollte ihn nicht abkühlen oder verletzen. Er machte sich aber aus meiner Zustimmung nichts, hätte es vielleicht lieber gehabt, wenn ich ihm widersprochen, denn er war eigenköpfig und keineswegs auf Freundlichkeiten aus.

In dem kleinen Dorf am Rande des Waldes verabschiedete er sich kurz, indem er sagte, Menschen, die einander etwas angingen, träfen sich immer wieder, und es sei nichts daran, wenn man sich hinfort nicht mehr leiblich sehen könne, die Spuren eines jeden Menschen blieben in der Luft wie Düfte. Er roch an seiner Pechnelke und trat, ohne sich noch einmal umzusehen, durch ein besonders niedriges Tor in ein Haus, das an der Längsstraße des Dorfes lag.

In meiner Erinnerung nannte ich den kleinen, eigenwüchsigen, keineswegs gemütlichen Mann, der von scharfer geistiger Witterung war, Silvanus. Ich sah ihn leiblich nie wieder.

Meine Mutter schenkte mir eines Tages ein kleines Bändchen mit Gedichten, in dem vorne das verschönerte Bild jenes Mannes abgebildet war, dem ich im Walde begegnet bin. Die Photographie zeigte ein schönes, fast indisches Gesicht. Der Inhalt der Gedichte war Silvanus.

Bald danach, gegen Ende des Ersten Weltkrieges, starb er. Als man den Künder des Friedens begrub, da donnerten von Westen her die Kanonen.

Eines Tages nach langer Zeit stand ich neben dem einfachen Bauernbett in der kärglichen, geweißten Stube seines Hauses. Blumenhaft bunt war das

Zudeck seines Bettes. Noch einmal sah ich den hageren, kleinen Mann vor mir, der die Pechnelke eines schwierigen und abseitigen Lebens sieghaft vor sich hingetragen hatte.

Sein Dichten und Denken war ein Ruf gewesen. Ich hörte ihn immer wieder.